미술,
엔진을 달다

KB079693

이 저서는 2018년 대한민국 교육부와 한국연구재단의 지원을 받아 수행된 연구임 (NRF-2018S1A6A3A03
043497)

미술 속 모빌리티의 다양한 감각

박재연 지음

미술,
엔진을 달다

앨
리피

모빌리티인문학 Mobility Humanities

모빌리티인문학은 기차, 자동차, 비행기, 인터넷, 모바일 기기 등 모빌리티 테크놀로지의 발전에 따른 인간, 사물, 관계의 실재적·가상적 이동을 인간과 테크놀로지의 공-진화co-evolution라는 관점에서 사유하고, 모빌리티가 고도화됨에 따라 발생하는 현재와 미래의 문제들에 대한 해법을 인문학적 관점에서 제안함으로써 생명, 사유, 문화가 생동하는 인문-모빌리티 사회 형성에 기여하는 학문이다.

모빌리티는 기차, 자동차, 비행기, 인터넷, 모바일 기기 같은 모빌리티 테크놀로지에 기초한 사람, 사물, 정보의 이동과 이를 가능하게 하는 테크놀로지를 의미한다. 그리고 이에 수반하는 것으로서 공간(도시) 구성과 인구 배치의 변화, 노동과 자본의 변형, 권력 또는 통치성의 변용 등을 통칭하는 사회적 관계의 이동까지도 포함한다.

오늘날 모빌리티 테크놀로지는 인간, 사물, 관계의 이동에 시간적·공간적 제약을 거의 남겨 두지 않을 정도로 발전해 왔다. 개별 국가와 지역을 연결하는 항공로와 무선통신망의 구축은 사람, 물류, 데이터의 무제약적 이동 가능성을 증명하는 물질적 지표들이다. 특히 전 세계에 무료 인터넷을 보급하겠다는 구글Google의 프로젝트 룬Project Loon이 현실화되고 우주 유영과 화성 식민지 건설이 본격화될 경우 모빌리티는 지구라는 행성의 경계까지도 초월하게 될 것이다. 이 점에서 오늘날은 모빌리티 테크놀로지가 인간의 삶을 위한 단순한 조건이나 수단이 아닌 인간의 또 다른 본성이 된 시대, 즉 고-모빌리티high-mobilities 시대라고 말할 수 있다. 말하자면, 인간과 테크놀로지의 상호보완적·상호구성적 공-진화가 고도화된 시대인 것이다.

고-모빌리티 시대를 사유하기 위해서는 우선 과거 '영토'와 '정주' 중심 사유의 극복이 필요하다. 지난 시기 글로컬화, 탈중심화, 혼종화, 탈영토화, 액체화에 대한 주장은 글로벌과 로컬, 중심과 주변, 동질성과 이질성, 질서와 혼돈 같은 이분법에 기초한 영토주의 또는 정주주의 패러다임을 극복하려는 중요한 시도였다. 하지만 그 역시 모빌리티 테크놀로지의 의의를 적극적으로 사유하지 못했다는 점에서, 그와 동시에 모빌리티 테크놀로지를 단순한 수단으로 간주했다는 점에서 고-모빌리티 시대를 사유하는 데 한계를 지니고 있었다. 말하자면, 글로컬화, 탈중심화, 혼종화, 탈영토화, 액체화를 추동하는 실재적·물질적 행위자agency로서의 모빌리티 테크놀로지를 인문학적 사유의 대상으로서 충분히 고려하지 못했던 것이다. 게다가 첨단 웨어러블 기기에 의한 인간의 능력 향상과 인간과 기계의 경계 소멸을 추구하는 포스트-휴먼 프로젝트, 또한 사물인터넷과 사이버 물리 시스템 같은 첨단 모빌리티 테크놀로지에 기초한 스마트시티 건설은 오늘날 모빌리티 테크놀로지를 인간과 사회, 심지어는 자연의 본질적 요소로 만들고 있다. 이를 사유하기 위해서는 인문학 패러다임의 근본적 전환이 필요하다.

이에 건국대학교 모빌리티인문학 연구원은 '모빌리티' 개념으로 '영토'와 '정주'를 대체하는 동시에, 인간과 모빌리티 테크놀로지의 공-진화라는 관점에서 미래 세계를 설계할 사유 패러다임을 정립하려고 한다.

머리말

"역마가 들었다더라."

가끔 사주를 보고 오신 어머니께서 전해 주시던 말씀이다. 그 탓이었을까. 고등학교 기숙사 입소를 시작으로 일찌감치 집을 떠나 서울로 파리로 많이도, 오래도 돌았다.

"요새는 사주에 역마가 좀 들어야 좋지."

당신 옆에 끼고 살지 못하는 큰딸에 대한 걱정과 염려, 서운함을 털어내기 위해 저런 말도 잊지 않고 덧붙이셨던 것 같다.

역마의 기본 의미는 변화와 변동을 향한 강한 힘이다. 정착과 정주가 생존의 기본 조건이었던 전통적인 농경사회에서 역마는 살煞로 불렸다. 변화와 변동, 이주와 개척은 곧 불안정과 죽음을 의미했기 때문이다. 내 땅을 확보하고, 지키고, 일구는 것이 중요했던 근대 이전의 사회에서 땅을 버리고 돌아다니던 자에게 돌아오는 것은 객사라는 단어뿐이었다. 물론 그러한 위험을 무릅쓰고 멀리 떠나 보고자 했던 자들은 그러한 욕망을 지녔다는 사실만으로도 버거운 삶을 살아야 했다.

하지만 18세기 후반 본격적으로 산업화가 이루어지면서 모빌리티적인 삶은 새로운 시대의 흐름이 되었고, 역마는 살이 아닌 운으로 바뀌었다. 미술 역시 이 시기를 기점으로 큰 변화를 맞게 된다. 특정 시점을 고정시켜 제작된 근대 이전 재현적 미술representational art은 사진기와 활동사진, 영화 등의 기술 발전을 활용하며 새로운 시간성을 표현하기 시작했고, 대상의 움직임을 화면에 지속시키는 비재현적 미술non representational arts이 현대미술의 주류로 자리 잡게 되었다.

이 책은 모빌리티라는 열쇳말로 풀어 본 근현대 미술사이자, 시각예술 작품을 매개로 모빌리티의 역사를 추적하는 작업이다. 미술과 모빌리티의 상보적이고 흥미로운 결합을 위해 윌리엄 터너부터 소수빈까지, 200년이 조금 안 되는 시기에 걸쳐 스무 명의 아티스트를 꼽았다. 단순히 모빌리티를 소재로 해서 작업을 한 작가들을 추려서 소개하기보다는, 그들이 시각적으로 해석한 모빌리티가 어떻게 근현대 사회 변화와 촘촘하게 영향을 주고받았는지를 보여 주고자 했다.

증기기관차가 뿜어 대는 검은 연기로 시작하는 전반부에서는 산업혁명과 함께 본격적으로 형성된 근대적 모빌리티가 사람들의 생활 방식과 정신세계에 끼친 영향에 대해 살피고자 했으며, 후반부에서는 근대화라는 미명 하에 그간 당연하게 이루어져 온 일방적인 모빌리티 확장에 대한 비판적이고 자성적인 작업들을 분석했다. 무엇보다 그간 대부분의 미술사 담론이 기본값으로 여겨 왔던 '서구 백인 남성 작가들의 미술사'를 보완하여 젠더와 인종, 문화권과 지역 차원의 빈틈을 메우는 데 신경을 썼다. 앞서 다룬 작가들에 비해 다소 낯설게 여겨지는 수보드 굽타, 할릴 알틴데레, 아델 압데세메드, 에스더 마흘랑구, 오스본 마차리아 등의 이름은 좀 더 균형 잡힌 미술사 서술을 위한 의도적인 선택이다.

개인적인 호기심과 직업적인 관심으로 남을 뻔했던 작은 이야기들을 엮어 한 권의 책으로 선보일 수 있게 해 주신 건국대학교 모빌리티 인문학 연구원에 깊은 감사의 뜻을 전한다. 갑자기 다가온 전례 없는 부동성의 시대, 모빌리티와 예술에 대한 스무 개의 사유를 담은 이 책이 '이동하는 인간'에 대한 각자의 생각을 정리하는 데 신선한 자극이 되기를 바라며,《미술, 엔진을 달다》의 출발 신호를 보낸다.

2021년 1월

차례

1

모빌리티는 속도다

윌리엄 터너William Turner(영국, 1775~1851), 〈비, 증기, 속도Rain, Steam and Speed Great Western Railway〉(1844), 91×121,8, National Gallery, London.

쏟아지는 빗속을 뚫고 증기기관차가 매이든헤드Maidenhead 철교를 건너 우리를 향해 달려온다. 런던 외곽 서부 태플로Taplow에서 매이든헤드 사이 템스강을 건너는 이 다리는 이점바드 킹덤 브뤼넬Isambard Kingdom Brunel(1806~1859)이 설계한 것으로, 1838년에 개통되었다. 다리의 모습은 과장된 단축법으로 묘사되어 기차의 빠른 속도감을 강조한다. 그림의 주인공이라고 할 수 있는 기차는 짙은 안개와 폭풍우 탓에 머리 부분만 드러날 뿐 전체 모습은 뿌연 대기에 가려져 있다. 추상적으로 그려진 작품임에도 증기를 뿜으며 빗속을 질주하는 증기기관차의 모습이 역동적으로 잘 표현되어 있다. 화가는 흰색 물감으로 안개와 증기를 어우러지게 그려 몽환적인 느낌을 주면서 기차의 속도감을 강조한다. 열차에 대한 세부 묘사를 생략한 것이 오히려 빠르게 움직이는 새로운 교통수단의 이미지를 더욱 환상적으로 부각시키는 데 일조한다.

그림의 제목에도 등장하는 '그레이트 웨스턴 레일웨이Great Western Railway', 줄여서 GWR은 런던에서 브리스톨로 가는 노선의 이름이고, 그림 속의 기차는 당시 최신 기차 모델이었던 파이어플라이 클래스Firefly Class다. 폭풍우 치던 1884년 어느 날, 일흔에 가까운 노인이 달리는 기차의 창문을 열고 밖으로 고개를 내밀었다. 그는 비가 오는 것도 아랑곳하지 않고 10분 넘게 비를 맞으며 기차의 속도를 느꼈다. 이 노인이 바로 영국의 국민화가, 윌리엄 터너다. 1775년 런던의 한 이발사의 아들로 태어난 터너는 영국 근대 미술의 포문을 연 풍경화가로, 영국 왕립아카데미 원장을 역임하기도 했다.

GWR Firefly class 'Tiger' 모델, 1840년 제작, Roberts Sharp 설계, ⓒWikipedia.

터너는 빛과 빛에 의한 색채 변화를 섬세하게 담아낸 화가
다. 그는 빛의 변화로 드러나는 순수한 자연의 실재를 표현하
는 데 관심이 많았고, 변화무쌍한 날씨에 따라 변하는 풍경에
매료되어 여행을 통해 마주한 풍경을 그림으로 남겼다. 초창기

수채화 작업을 많이 하던 터너는 노년기에 접어들면서 다시 초심으로 돌아가 작품에 대한 진지한 탐구를 이어 갔다. 그는 어두운 색을 칠하고 건조시킨 후 밝은 색을 올려 쌓아 가면서 표현하는 방식을 사용했고, 이를 통해 수채화 기법에서 보여 줬던 색의 미묘한 변화를 유화에서도 구현할 수 있었다.

터너는 불길이나 폭풍우, 눈보라같이 강렬한 에너지가 느껴지는 극적인 주제를 좋아했는데, 풍경을 자세하고 세밀하게 그리는 대신 추상적인 색채로 채워 생생한 감정과 느낌을 전달코자 했다. 그의 기차 그림에서 우리는 색채의 소용돌이만으로도 빛과 대기, 폭풍우 치는 날씨, 그리고 증기기관차의 속도감을 충분히 느낄 수 있다. 요란스럽게 기차를 두드리는 폭우, 폭우가 내리는 바깥세상을 단절시킬 정도로 빠르게 달리는 기차. 굉음이 천지를 진동시키고 철마가 내뿜는 연기는 비와 뒤섞여 근대적 장관을 연출한다. 제목에 들어 있는 비, 증기, 속도는 모두 이전 시대에는 미술의 관심 대상이 아니었다. 터너가 그리고 싶었던 것은 기차의 구체적인 모습이라기보다는 기차의 '속도'와 '증기'라는 근대적인 현상이었다.[1]

---

1 이진숙, 《시대를 훔친 미술》, 민음사, 2015, 319쪽.

영화 〈미스터 터너Mr.Turner〉(2014) ⓒIMDb.

    터너는 동시대 생활 장면을 자주 그렸으며, 특히 당시 눈부시게 발전하던 산업과 기술에 관심이 많았다. 증기기관차를 포함한 새로운 형태의 교통수단도 자주 이용했다. 그림 속의 기차는 터너에게 신기하면서도 친숙한 존재였다.

    그렇다면 터너는 왜 기차 창문 밖으로 몸을 뻗었을까? 철도의 빠른 속도를 직접 몸으로 느껴 보고 싶었기 때문이다. 1825년 조지 스티븐슨이 상업용 열차 운행을 시작한 이래, 철도는 당시 영국 최고의 교통수단이었다. 철도가 처음 개통되자 영국 사람들은 이 새로운 교통수단이 보여 주는 힘과 속도, 그리고 그것이 제공하는 신기한 경험에 두려움을 느끼면서도 매료되었다. 영국뿐 아니라 프랑스, 독일, 오스트리아, 러시아에도 철도 건설사업이 시작되어 1830년대가 되자 전 유럽이 철도망으로 연결되었다. 지금까지 체험해 보지 못한 빠른 속도가 등장한 것이다. 1837년에는 미국의 모스가 전신기를 발명하여 정보 전달 속도가 이전 사회와 비교할 수 없이 빨라졌다. 빠른 속도의 교통수단과 통신수단은 그림을 그리는 방식에도 영향을 끼쳤다.[2]

이동과 정박이 급변하던 시대, 모빌리티 혁명과 함께 점차 도시화·세계화되는 공동체가 구성되기 시작했다. 자본주의와 무역이 크게 발전하면서 항구도시들의 성격도 크게 변화했다. 1809~1849년 40년 사이에 영국의 수입은 3배, 수출은 5배 증가했다. 18세기 중엽 영국에서 시작된 기술혁신이 야기한 산업혁명과 이로 인한 사회적·경제적 변화는 당시 사람들의 사고방식과 생활양식을 송두리째 바꾸었다. 터너를 비롯한 당대 유럽인들은 시커먼 증기기관차의 빠른 속도에 경외감을 품으

---

2 이진숙, 앞의 책, 321쪽.

면서도, 한편으로는 지난 수세기 동안 고수해 오던 삶의 양태가 급변하는 것에 혼미함을 느꼈다.

영국인들이 가장 간직하고 싶은 그림 1위로 꼽히는 〈전함 테메레르〉는 급격한 산업화와 함께 시대적 전환을 겪던 당대 사람들의 미묘한 감정을 잘 담아낸 작품이다. 그림의 주인공인 전함 테메레르는 1805년 트라팔가 해전에서 무적함대로 불리던 스페인 함대와 나폴레옹 군대 연합군에 맞서 넬슨 제독이 승리를 거두는 데 일조한 전설적인 배로, 대영제국의 기틀을 마련한 국민영웅과도 같은 존재이다. 그러나 배의 수명인 30년이 지나고 증기선의 시대가 도래하면서 그림이 제작된 1838년에 해체되는 운명을 맞이한다. 보통 해체되는 배에는 돛을 달지 않는데, 터너는 테메레르호에 3개의 돛을 달아 마지막 예우를 다하고 있다.

수평선 위로 기울어진 태양은 전함의 쇠락을 대변하고, 증기선이 뿜어내는 붉은 연기는 새로운 시대의 시작을 알린다. 화폭을 절반 이상 메운 석양은 상실과 향수의 이미지로, 과거의 영광을 뒤로하고 서글프게 사라져 가는 지난 시대의 종언을 잘 드러낸다. 잔잔한 수면과 흐릿하게 표현된 색감이 보여 주는 쓸쓸함은 지기 전 마지막으로 작렬하는 태양이 만들어 내는 붉

윌리엄 터너, 〈전함 테메레르The Fighting Temeraire, tugged to her last Berth to be broken up〉, 1838,
91×121.8, National Gallery, London.

은 노을과 대비되어 지나가 버린 명예의 뒷모습을 강조한다.
산업혁명 이후 이루어진 수많은 기술혁신 중에서도 증기선은
새로운 근대문명 시대를 예고하는 상징과도 같았다. 터너는 옛
것과 새로운 것이 교체되는 광경, 목선木船의 시대에서 철의 시
대로, 한 시대가 마감하고 또 다른 시대가 시작되는 풍경을 담

영화 〈007 스카이폴〉(2012) ⓒIMDb.

아낸 것이다.

영화 〈007 스카이폴007 Skyfall〉(2012)에는 007 시리즈 중 가장 나약한 제임스 본드가 등장한다. 영국을 대표하는 캐릭터인 제임스 본드가 이 영화에서는 쇠약해진 체력과 정신력을 드러내는 '한물간' 영웅으로 그려진다. 오랜 공백기 끝에 다시 부름을 받은 제임스 본드에게, 젊고 패기 넘치는 인물 Q는 "시간은 누구도 피해 갈 수 없는 법"이라는 대사를 건넨다. "빌어먹을 그냥 큰 배일 뿐"이라고 생각해 보지만, 사실 본드 역시 빠르게 흘러가는 인생 앞에서 자신 역시 무력한 존재라는 것을 그 누구보다 잘 알고 있다. 이들의 의미심장한 조우가 이루어진 장소가 터너의 그림 〈전함 테메레르〉와 〈비, 증기, 속도〉 앞이라는

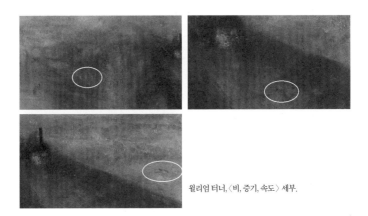

윌리엄 터너, 〈비, 증기, 속도〉 세부.

점은 자못 흥미롭다.

터너는 산업의 발전 및 기계의 발달을 무작정 두려워하거나 경이로워하는 대신, 그러한 신진 기계문명과 자연의 모습, 자연에 순응하며 살았던 과거의 생활을 함께 암시한다. 〈비, 증기, 속도〉를 자세히 들여다보면, 레일 트랙을 따라 달리는 토끼가 가벼운 터치로 그려져 있다. 엔진의 기계화 속도와 대조적인 자연 세계의 속도를 나타내기 위함이다. 또한, 시커먼 증기 기관차 양옆으로 밭을 가는 농부와 신화적이고 전원적인 분위기에서 춤을 추는 사람들의 모습을 그려 넣음으로써, 산업혁명의 어두운 면모를 우회적으로 이야기하고 있다. 18세기 중엽 영국에서 시작된 산업혁명은 환경오염의 시발점이기도 하다. 공장 오수로 오염된 템스강의 검은 빛깔은 흰 배경으로 인해 더욱 도드라지고, 해가 지고 어스름한 저녁의 런던 하늘은 스모그 때문에 더 어슴푸레하게 보인다.

거대하고 숭고한 자연과 그러한 자연에 도전하는 인간의 기술이 대결하는 시대의 풍경을 평생에 걸쳐서 화폭에 담아낸 터너는, 말년에 이르러 그 자체로는 구체적인 형태가 없지만 명백하게 존재하는 속도에 대해 진지하게 반추한다. 한평생 혁신과 변혁을 경험한 터너는 인생이라는 추상적인 시간이 어쩌면 과거와 현재의 무수한 순간에 존재하는 것들의 합이라는 사실을 깨달았는지도 모른다.

감정과 기억. 순간적인 동시에 연속적인 것들을 즉각적으로 체감하게 하는 터너의 그림 속, 모빌리티는 속도다.

2
모빌리티는 순간이다

클로드 모네Claude Monet(프랑스, 1840~1926), 〈생 라자르 역La Gare Saint-Lazare〉, 1877, 75×104, Musée d'Orsay, Paris.

기차역 가득히 연기를 뿜어 대는 기차의 기세가 당장이라도 그림을 뚫고 나올 듯하다. 기차는 세상의 주인공이고, 주변을 서성이는 몇 명의 인물들은 그림의 일부로 느껴진다. 견고한 철골 구조물은 증기 속으로 해체된다. 이 그림의 작가 모네는 빛과 움직임을 묘사하는 데 각별한 의미를 두었고, 빠른 묘사를 중요하게 생각했다. 〈생 라자르 역〉에서도 빠르고 거친 붓의 움직임이 보이는 듯하다. 그림 속에서 빛은 사방으로 맹렬하게 퍼지면서 모든 것을 비물질적으로 만든다. 19세기 후반에 기차역은 단순히 기차를 타고 내리는 장소를 넘어 과학 문명과 진보를 상징하는 장소였다. 모네는 기차역을 자세히 관찰하고자 기차역 인근에 작업실을 얻어 10여 점에 달하는 역 그림을 제작했다.

이 연작은 모네가 증기의 효과가 대기에 미치는 영향을 포착하여 회화적으로 표현하는 능력이 진화하고 있음을 보여 준다. 생 라자르 기차역에 관한 많은 작품들이 단편적이고 습작인 데 반해, 이 작품은 가장 완벽한 형태의 것으로 알려져 있다. 1877년 4월에 열린 세 번째 인상파 전시회에 출품하여 비판을 받기는 했지만, 모네는 기차의 속도감이 자기의 그림과 잘 들어맞는다고 여겼을 법하다. 철도가 모더니즘을 상징하고, 모더니즘과 모빌리티의 관계를 드러내는 시대였다. 1840년 이후 한 세기는 아마도 사람들의 이동 방식이 가장 빠르게 변화한 시기일 것이다. 비교적 소규모였던 운하여객 교통은 쇠퇴했고, 철도는 빠르게 확장했다. 날로 뻗어 가는 철도 확장을 수용하기 위해 역, 터널, 다수의 측선側線들이 새롭게 건설되었다. 새로운 교통

기술의 발전은 종종 직간접적으로 도시 공간 근대화와 연계되었으며, 자전거나 보행과 같이 기술적으로 단순한 구식 교통수단들을 점차 도로 공간 주변으로 밀어냈다.[1]

편리해진 교통수단을 이용해서 모네와 친구들은 부지런히 야외로 나가 그림을 그렸다. 1870년 모네는 프로이센 전쟁 징집을 피해 아내 카미유와 함께 런던으로 건너갔고, 1871년까지 영국에서 바람, 비, 구름, 햇빛 등의 대기현상을 담은 터너와 콘스터블John Constable(1776~1837) 등의 영국 풍경 화가들의 그림을 관찰했다. 이후 프랑스로 돌아온 모네는 근대성의 표상인 기차를 주제로 여러 점의 그림을 남겼다. 1871년 아르장퇴유Argenteuil에 정착한 모네는 1878년까지 이곳에 머물며 무려 200여 점의 그림을 남김으로써 '인상주의 회화의 화려한 탄생'을 알렸다.

증기를 내뿜으며 철교 위를 달리는 기차, 청명한 하늘에 뜬 구름, 햇빛으로 반짝거리는 수면이 조화를 이루는 〈아르장퇴유의 철교〉(1873)에서 볼 수 있듯이, 모네는 철도교를 모티프로

---

1 피터 메리만 · 린 피어스 편저, 《모빌리티와 인문학》, 김태희 · 김수철 · 이진형 옮김, 앨피, 2019, 302쪽.

클로드 모네, 〈아르장퇴유의 철교Le Pont du chemin de fer à Argenteuil〉, 1873, 54×71, Musée d'Orsay, Paris.

한 근대의 풍경을 많이 그렸다. 19세기 들어 철도교를 비롯한 근대식 다리가 회화의 주요 모티프로 등장한 것은 교통 발달과 건설공법의 발전으로 다리가 많이 건설되었기 때문이다. 산업화된 근대 파리의 모습과 인상주의 원리의 결합을 가장 잘 나타내는 소재였던 만큼, 인상주의자들의 그림 속에는 기차와 철교가 자주 등장한다. 1870년대 모네와 어울렸던 주요 인상주의자 동료들, 카유보트, 피사로, 르누아르, 드가, 기요맹, 라파엘리, 심지어는 마네조차도 철도에 꾸준한 관심을 보이며 근대 풍경화의 주요 주제로 삼았다.

근대사회의 역동성을 포착하고자 했던 인상주의가 발휘하는 강력한 힘은 주제의 근대성과 회화 매체를 솔직하고 자유롭게 드러내는 독창성에 기인한다.[2]

인상주의자들은 다른 어떤 화가들보다도 산업화의 수혜를 입은 예술가들이라고 할 수 있다. 그들은 공장에서 생산된 튜브에 담긴 질 좋은 물감을 사용할 수 있었고, 간편한 화구를 가지고 야외로 나가 순간순간 변화하는 풍경을 그릴 수 있었다. 인상주의자들이 다른 어느 시대의 화가들보다 쉽게 여러 곳을 여행하고 다양한 풍경을 그릴 수 있었던 데에는 근대적 교통수단의 발달이 가장 직접적인 요인으로 꼽힌다. 동시대의 자연주의 소설가 에밀 졸라Emile Zola(1840~1902)는 "이전의 화가들이 숲과 강을 대상으로 그림을 그리면서 시정詩情을 표현했다면 오늘날의 화가들은 기차역에서 그것을 발견하게 되었다"고 말한 바

---

2 김현화, 《현대미술의 여정》, 한길사, 2019, 62쪽.

있다. 이처럼 철도는 사람들이 지나치는 공간과 이동하는 방식을 근본적으로 변화시켰고, 인상주의자들은 이러한 근대 산업 문명에 기대어 시각혁명을 도모했다.

문명과 합리적 사고를 상징하는 철골과 유리가 사실적으로 표현된 생 라자르 역 지붕 아래 기차가 들어오고, 기차가 내뿜는 푸른색 증기 뒤로 어렴풋하게 보이는 파리의 건물들은 마치 신비에 휩싸인 양 형체가 희미하다. 역 안쪽의 인물들은 작고 희미하게 묘사되어 있다. 이 그림에서 나타나는 사물에 대한 분석적 접근과 몽환적 분위기는 모네 자신의 갈등을 잘 드러내 준다. 과학 문명과 감성적 표현예술의 대립이라는 큰 구도 속에서 이루어진 각자의 사색을 통해, 인상주의는 현대미술의 시작을 알렸다.

1867년 모네와 바지유Frédéric Bazille(1841~1870)를 비롯한 몇몇 화가들이 그룹전을 구상했다가 경제적 이유로 무산되었는데, 1873년 다시 그 안이 제기되었다. 피사로, 드가, 르누아르가 그룹전에 찬성하였고, 카유보트와 세잔 등도 관심을 보였다. 모네를 중심으로 협회 설립정관을 몇 차례에 걸쳐 수정한 후, 1874년 1월 17일 서른 명 정도가 모여 화가, 조각가, 판화가 협회가 탄생하였다. 이들은 협회 명칭을 '무명 화가, 조각가, 판화가 협회Société Anonyme des artistes peintres, sculpteurs et graveurs'라고 정하고, 그룹전을 열기로 결정하였다. 제1회 협회전은 1874년 카퓌신가boulevard Capucines 35번지에 위치한 사진작가 펠릭스 나다르Félix Nadar(1820~1910)의 스튜디오에서 개최되었다. 전시에는 30여 명의 작가가 참여했고, 165여 점의 작품이 전시되었다. 전시 도록에는 65점의 작품이 실렸으며, 참여 작가는 외젠 부댕, 펠릭스 브라크몽, 폴 세잔, 에드가 드가, 알프레드 기요맹, 베르트 모리조, 카미유 피사로, 오귀스트 르누아르, 알프레드 시슬레, 귀스타브 카유보트 등이었다. 모네는 〈인상, 해돋이〉(1872)를 비롯한 유화 5점과 파스텔 7점을 출품하였는데, 파스텔화는 유화에 비해 가격이 저렴하여 판매가 용이하였기 때문이다. 전시는 4월 15일부터 5월 15일까지 한 달간 열렸고, 많은 평론가들과 대중의 관심을 받았다. 모네, 피사로, 시슬레 등이 특히 많은 주목을 받았고, 무엇보다 모네의 〈인상, 해돋이〉(1872)가 큰 스캔들을 일으키며 '인상주의'라는 명칭이 생겨났다.

'인상주의'라는 명칭이 생겨난 것은 이 전시회를 방문한 비평가 루이 르루아Louis Leroy(1812~1885)가 1874년 4월 25일 당대의 유명 풍자잡지 《르 샤리바리Le Charivari》에 '전시회 출품작들이 인상 하나만큼은 확실하게 준다'며 빈정거리는 투의 글을 쓴 것

귀스타브 카유보트Gustave Caillebotte, 〈유럽교 위에서Sur le Pont de l'Europe〉, 1882, 105.7×130.8,
Kimbell Art Museum, Fort Worth.

이 계기가 되었다. 르루아는 모네의 〈인상, 해돋이〉를 꼭 집어
언급하며 이것은 스케치일 뿐 완성된 작품이 아니라고 혹평했
다. 그렇지만 이 글 덕분에 인상주의 전시회는 어엿한 전시회
로 인정받게 되었고, 이들이 1876년 개최된 제2회 전시에서 공
식적으로 인상주의라는 명칭을 사용하면서 전시 타이틀은 '무

명 예술가 협회전'에서 '인상주의자 전Exposition des Impressionnistes'
으로 바뀌었다.

　모네는 소년 시절 프랑스 북부 르 아브르Le Havre의 미술학
교에서 아카데믹한 드로잉 교육을 받았지만, 그 시절 모네에
게 가장 직접적인 영향을 미친 것은 풍경화가 외젠 부댕Eugène
Boudin(1824~1898)이었다. 부댕에게서 '야외에서 그리기en plein air'
의 교훈을 배운 모네는, 열아홉이 되던 1859년 파리로 상경해
아카데미 쉬스Académie Suisse에서 수학하며 풍경화가 피사로와
우정을 나누었다. 1862년 샤를 글레이르Charles Gleyre(1808~1874)
를 사사하며 르누아르, 시슬레, 바지유 등 미래의 인상주의자
들과 교류하게 된 모네는, 이들과 전통 미술에서 벗어나야 한
다는 신념을 교환했다. 절대적인 정언명령처럼 내려오던 아카
데미즘에 맞서, 물질과 현실을 중시하는 가치관이 팽배해지는
사회적 분위기에서 탄생한 인상주의자들은 형이상학적인 사
변을 거부하고 자연을 재발견하며 사실 그 자체에 대한 과학적
탐구를 강조하는 실증주의[3]를 추구했다.

　〈생 라자르 역〉은 그 크기가 아니라 캔버스를 감싸는 증기

3　김현화, 앞의 책, 84쪽.

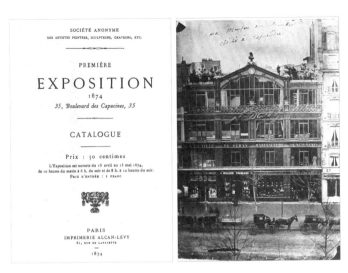

제1회 인상주의 전시회 카탈로그와 전시가 열렸던 나다르의 스튜디오.

와 연기의 깊은 포말로 보는 사람을 압도한다. 철도의 탄생과 발전은 다름을 분명하게 하는 동시에 그 경계를 아주 흐릿하게 만들기도 했다. 〈생 라자르 역〉이 본격적으로 시도된 모네의 첫 연작 작업이라는 사실은 경계의 관점에서 매우 의미심장하다. 모네 하면 아르장퇴유나 지베르니를 비롯한 자연 풍경 묘사가 더 잘 알려져 있지만, 도시 생활의 에너지를 그린 〈생 라자르 역〉 시리즈는 그 당시 급변하는 도시의 일상과 모네의 감정적 교류를 잘 담고 있다. 1876년과 1877년에 걸쳐, 모네는 이 연작 프로젝트를 통해 파리에서 가장 크고 분주한 기차역 중 하나인 생 라자르 역을 단일 뷰가 아닌 다양한 시점에서 묘사하고자 했다. 12점의 그림은 모두 비슷한 주제를 담고 있다. 기차의 증기를 통해 흩어지는 빛의 유희, 격렬한 증기 구름, 화면을 지배하는 육중한 기관차 등이 그것이다. 이 12개의 연작 중에서 모네는 1877년 제3회 인상파 전시회에 6~8점의 〈생 라자르 역〉 그림을 전시했는데, 전시 당시 가장 많이 사람들의 입에 오르내린 작품 중 하나였다.

물론 어떤 연구자들은 기차, 증기기관, 산업 활동과 같은 일반적인 주제를 공통적으로 다룬 이 12점의 작품을 '연작'으로 간주해야하는지 질문을 제기하기도 한다. 12점 중 두 작품만이 반복적이고 연속적인 시각을 보여 주기 때문에, 이후 모네가 제작한 〈노적가리 연작〉이나 〈루앙 대성당 연작〉과는 달리 연속적인 그림에 대한 관심의 표명이나 미묘한 변화에 대한 탐구로 보기는 힘들다는 것이다. 해당 그림을 엄정한 의미의 '연작'으로 간주할 것인가의 문제와는 별개로, 모네가 이 작업을 통해 산업화된 현대 생활의 새로운 비전을 제공했다는 것은 확

클로드 모네, 〈인상, 해돋이Impressão, nascer do sol〉, 1872, 48x63, Musée Marmottan, Paris.

실한 사실이다. 빛, 색채, 붓 터치에 대한 예리한 관심과 더불어 기차역과 기관차, 증기의 묘사는 찰나의 파편이 모여 만들어지는 새로운 생활 풍경을 직접적으로 제시한다. 실제로 모네는 런던을 비롯해 1886년 네덜란드, 1895년 노르웨이, 1904년 마드리드 등 여러 차례 여행을 다니며 짐작으로만 식별할 수 있는 풍경이 주는 감정의 가치를 잘 파악하고 있었다.

산업화와 더불어 일어난 모든 현상들은 마치 순간적으로 찍은 사진처럼 우연히 눈에 들어온 듯한 인상을 풍긴다. 모네는 윤곽선과 깔끔한 표면의 해체, 정확한 원근법의 생략, 쉼표처럼 생긴 가벼운 선으로 이루어진 묘사와 같은 회화적 장치를 통해 우리를 1877년의 생 라자르 역으로 초대한다.

우연과 찰나를 영원으로 승화시키는 모네의 그림 속, 모빌리티는 순간이다.

3
모빌리티는 구성이다

페르낭 레제[Joseph Fernand Henri Léger(프
랑스, 1881~1955), 〈엔진Le moteur〉, 1918,
40.5×33, 개인 소장.

빨강, 파랑, 노랑, 보라 등 강렬한 원색으로 칠해진 기하학적 모
티프들이 화면을 빼곡히 채우고 있다. 추상적인 색채의 향연처
럼 보이지만 자세히 들여다보면 한 치의 오차도 허락하지 않을
만큼 정교하게 설치된 기계장치를 나타낸 것임을 쉽게 알 수
있다. 화가는 몇 가지 도형 요소로 다양한 엔진의 모습을 담아
낸다. 기계의 운동은 규칙적이고 반복적이며, 이는 이성적 사
고를 통해 절대적인 값을 구할 수 있는 법칙의 세계를 표현한

다. 다양한 기계 이미지의 조합을 통해 발견할 수 있는 것은 몇 가지 기계적 운동의 특징이다. 일단 원운동이 눈에 띄고, 긴 막대가 전진과 후퇴를 반복하는 직선운동도 떠오른다. 직선운동을 통해 원운동을 촉발하는 운동, 즉 기차 바퀴가 움직이는 원리를 떠올리면 쉽게 이해할 수 있는 축 운동도 보인다. 한 마디로, 규칙적이고 반복적인 특징을 지니는 기계 운동의 총체, 즉 엔진을 나타낸 것이다.

피카소와 동갑이지만 뒤늦게 미술에 입문한 레제는 색채보다는 형태의 견고성에 매료되었다. 피카소가 큐비즘의 태동에 기여했다면, 레제는 큐비즘의 한계를 극복하고 발전시켰다고 할 수 있다. 1914년경부터 레제는 기계 자체의 구조적이고 역학적인 성질을 현대미술의 미적 표현으로 추구하며 선, 형태, 색채, 볼륨의 조화로운 관계를 우선시하는 추상성을 보인다.[1]

명확하고 본질적인 힘, 명료성을 탐구하며 과학기술에서 조형적 미를 발견한 레제의 작품들을 보면 기계 구조에서 추출한 추상성을 어렵지 않게 포착할 수 있다.

레제는 자동차, 기차 등 기계의 구조가 지닌 미적 가치와 그

---

1 김현화, 앞의 책, 264쪽.

것이 반영하는 객관적·물질적·현실적 모빌리티에 매료되었다. 1881년 프랑스 노르망디에서 태어난 레제는 건축설계사의 길을 걷던 중 1907년, 세잔 사후 1년 뒤 개최된 대규모 회고전에서 큰 감명을 받고 1910년 무렵부터 입체주의 미술운동에 참가하게 된다. 19세기 후반 인상주의를 대표하며 '근대 회화의 아버지'로 불리는 폴 세잔Paul Cezanne(1839~1906)은 "자연의 모든 것은 원기둥, 구, 원뿔로 이루어졌다"고 하였는데, 자연과 사물에 대한 이러한 독창적인 예술 인식 태도는 20세기 미술의 새로운 포문을 열며 입체주의 미술 형성에 커다란 영향을 끼쳤다. 입체주의 미술의 창시자인 피카소는 "나의 유일한 스승 세잔은 우리 모두에게 아버지와 같은 존재였다"라고 밝힌 바 있다. 이에 따라 피카소는 자연의 여러 가지 형태를 기본적인 기하학적 형상으로 환원하고, 사물의 존재성을 이차원의 평면으로 재구성하고자 했다.

페르낭 레제, 조르주 브라크Georges Braque(1882~1963), 앙리 마티스Henri Matisse(1869~1954), 프란티섹 쿱카Frantisek Kupka(1871~1957), 로베르 들로네Robert Delaunay(1885~1941) 등은 피카소와 함께 입체주의 예술운동을 전개한 대표적인 예술가들이다. 특히 레제는 입체주의 양식에 기반한 자신만의 독창적인 표현 기법을 개발

페르낭 레제, 〈기계적 요소들Eléments mécaniques〉,
1924, 146×97, Centre Pompidou, Paris.

했고, '입체주의'라는 명칭을 탄생시킨 미술비평가 루이스 보셀
Louis Vauxcelles은 이를 '튜비즘Tubism'이라고 명명했다.

레제가 본격적으로 기계와 인간의 공동 작업, 기계적인 표현
에 관심을 가지게 된 계기는 제1차 세계대전 참전이다. 기술의
진보는 전례 없는 군사적 동원의 불가결한 일부를 이루었다.
참전 중 독가스를 마시고 조기 제대한 레제는 기계문명의 다이
내믹함과 명확성에 이끌려 '다이내믹 큐비즘'이라는 유파를 창

조했다. 이 유파는 단순한 명암과 명쾌한 색채, 기하학적이고 간명한 대상 표현을 통해 기계문명의 눈부신 발달에 대한 찬사를 쏟아냈다. 이들은 매우 단순화된 형태 속에 대담한 색을 사용하여 역동적인 기계의 이미지를 구현한 이른바 '기계미술' 양식을 추구했는데, 철근만이 아니라 톱니바퀴, 베어링, 용광로, 철도 등 기계문명의 상징이 매혹적인 미술 소재가 되었다. 20세기 초 중반 유럽을 중심으로 산업혁명 성과를 종합한 철강, 자동차, 선박 등 중화학공업이 비약적으로 발전했고, 철강산업을 바탕으로 거대한 규모의 건축과 생산 기계, 각종 운송 수단 분야에서 새로운 장이 열렸다. 레제는 이 거칠 것 없이 질주하는 기계문명의 발달에서 인류의 희망을 보았다.

레제의 1917년 작 〈카드놀이 하는 병사들〉은 단순화된 색채와 원통형의 추상적인 형태들로 구성된 인물에 초점을 맞춘 '튜비즘'의 표현 양식을 잘 보여 주는 작품으로, '기계문명 시대의 예술'이 시작되었음을 암시한다. 레제는 회화의 조형성을 응용해서 벽화, 스테인드글라스, 모자이크, 무대디자인, 태피스트리 등으로 활동 범위를 넓혀 나갔다. 그는 비킹 에겔링Viking Eggeling, 한스 리히터Hans Richter, 르네 클레르René Clair, 만 레이 Man Ray 등과 함께 유럽의 전위적 실험영화운동의 일원으로 활

영화〈기계적 발레〉(1924).

동하면서, 더들리 머피Dudley Murphy(1897~1968)와 함께 1924년
인간과 사물, 그리고 기계 간의 관계성을 탐구한 단편 실험영
화〈기계적 발레Ballet Mécanique〉를 제작했다.

　〈기계적 발레〉는 영상의 리드미컬한 운동을 극도로 발휘하
여 영화의 시각적 순수화를 목표로 하는 1920년대 비서사 영화
Non-narrative Film와 순수영화Pure Cinema의 대표적인 작품이다. 영
화는 그네를 타는 여성, 시계추의 왕복운동, 놀이기구의 회
전, 기계장치의 폭발적인 운동, 숫자와 기호, 마네킹 여성의

다리, 포도주 병 등의 분절적 이미지들을 다중노출, 클로즈업, 반복 숏, 컷아웃 애니메이션, 스톱모션 애니메이션, 가속 몽타주 기법을 활용하여 숨 가쁘게 보여 준다.[2]

19세기 후반과 20세기 초반 체화된 운동에 대한 다양한 문화예술적 탐구가 발전하면서 운동의 과학적 실천과 창조적 표현을 향한 관심도 깊어졌다. 쥘 마레Jules-Marey와 에드워드 마이브리지Eadweard Muybridge의 사진, 인상주의, 미래주의, 입체주의, 더 나아가 추상표현주의의 회화적 실천 모두 그러한 관심의 산물이라고 할 수 있다.

이 시기 모더니즘은 속도, 이동성, 추상성, 새로움을 숭배함으로써 오늘날 가속화된 세계가 도래하는 데 기여했다. 총체적 모빌리티의 사회는 우리 삶에 많은 유연성과 편리성을 제공했으나, 그것이 드리우는 그림자 역시 눈에 띄게 커져 갔다. 모더니즘의 딜레마를 마주한 레제는 예술 및 색채, 형태, 조형성과 같은 예술적 요소가 자유와 평등, 박애정신이 넘쳐나는 세상을 만들 수 있을 거라고 믿었다. 〈건설자들〉(1950)은 문명의 발달에

---

2 The Science Times 웹사이트. https://www.sciencetimes.co.kr/news/기계문명의-미학적-가능성을-제시한-페르낭-레제/ (2020.11.26)

에드워드 마이브리지, 〈달리는 말의 사진〉, 1887, National Gallery of Art, Washington D.C.

거는 희망 어린 기대를 열광적으로 표현한다. 초고층 건물의 공사 현장에서 노동자들이 작업에 한창이다. 불끈거리는 근육은 마치 철근과 인간이 하나가 된 것 같은 느낌을 준다. 기계문명을 예찬하고 이를 진보로 본 레제의 시각이 잘 드러나 있다.

이 그림에는 거대한 철근 구조물을 짓고 있는 노동자들의 모습이 담겨 있다. 철근과 콘크리트는 현대건축의 혁명을 가져

페르낭 레제, 〈건설자들Les Constructeurs〉,
1950, 300 × 228, Centre Pompidou, Paris.

온 상징물이기도 하다. 그림 속의 노동자들은 고된 노동에 지
친 모습이 아니라 힘차고 희망찬 모습이다. 그림을 뚫고 철근
부딪히는 소리와 철 마찰음, 망치 소리, 노동자들의 숨소리가
들릴 것만 같다. 기계에서 추출된 형태미에는 노동자들의 삶에
대한 경의가 함께 함축되어 있다. 레제는 공산당에 입당하여
노동자가 주체가 되는 세상을 구현했고, 기계와 노동자가 함께

살아가는 유토피아를 꿈꿨다.

1930년까지 레제는 기하학적인 추상에 몰두했지만, 이 시기부터 유동적인 구성과 돌출적인 표현 요소를 특징으로 하는 작품을 만들기 시작한다. 그는 일상 사물들과 인체 구조, 식물 형태를 관찰해서 그린 데생에서 출발하여, 이 오브제들이 모호한 공간 안에서 조형적으로 관계를 맺는 대규모의 구성 작품을 만들어 낸다. 색채·선·사물 등 그림에 담긴 모든 요소들의 대비에 근거한 미학을 계속 발전시켜 나가던 레제는 1935년과 1939년 사이에 〈아담과 이브〉(Kunstsammlung Nordrhein-Westphalen, Dusseldorf), 〈두 마리 앵무새가 있는 구성〉(Centre Pompidou, Paris)과 같은 대작을 완성한다.

1937년 파리에서 열린 만국박람회에서 선보일 목적으로 제작한 〈에너지의 운송〉(1937)은 기계문명을 예찬하고 기계시대의 새로운 인간상을 추구했다는 점에서 레제의 이상적인 사회관을 엿볼 수 있는 작품이다. 모더니티를 추구하는 데 누구보다 열성적이었던 레제는 미국을 수차례 방문하여 '색채와 공공건물의 관계'라는 좀 더 흥미로운 분야를 발견한다.[3]

---

3   디디에 오탱제르, 《1930년대》, 창해, 2000, 51쪽.

페르낭 레제, 〈에너지의 운송Le Transport des Forces〉, 1937, 50.5×105, Musée national Fernand Léger, Biot.

제2차 세계대전 때 미국으로 피신한 레제는 이후에도 많은 작품을 제작했다. 그는 예술가로서 현대 생활에 대응하는 역동성을 표현하기 위해, 특히 정치적인 이유에서 집단 활동에 적극적으로 참여하기 위해 집단예술의 필요성을 절실하게 느꼈다. 기계문명의 역동성과 명확성에 이끌려 새로운 미학적 가능성을 제시한 레제는, 산업화가 주는 희망에 열광하는 새로운 인간상과 사회 발전을 일궈 나가는 평범한 민중들의 밝고 건강한 모습을 작품 속에 많이 담았다. 후반기에는 회화 작품 외에

〈걷고 있는 꽃Walking Flower〉, 〈베네수엘라 중앙대학 벽화〉 같은 야외 조각과 벽화, 모자이크, 스테인드글라스 등 공공예술 활동을 전개하기도 했다.

공학적으로 재해석한 자연과 인물을 담은 예술로 사회를 바꾸고자 했던 레제의 그림 속, 모빌리티는 구성이다.

4

모빌리티는 도전이다

로베르 들로네Robert Delaunay(프랑스, 1885~1941), 〈블레리오에 바치는 경의Hommage à Blériot〉, 1914, 250×251, Kunstmuseum Basel, Basel.

"위대한 비행기 제작가 블레리오에게, 최초로 동시에 하늘로 떠오른 태양 원반을 바친다."

20세기 초반에 일어난 오르피즘Orphism의 창시자인 로베르 들로네(1885~1941)는 가로세로 각각 2.5미터인 이 대작의 하단에 이러한 헌사를 써넣었다. 들로네가 헌사를 바친 루이 블레리오 Louis Blériot(1872~1936)는 프랑스 비행기 제작자이자 비행사로서 최초로 하늘을 정복한 인물이다. 1909년 7월 25일 블레리오는 자신의 단엽기單葉機 블레리오 11호를 타고 프랑스 칼레Calais를 떠났다. 그리고 30분 후 영국의 도버 해안에 착륙, 최초로 영불해협 횡단비행에 성공했다.

19세기 후반~20세기 초는 실생활에 도움을 주는 수많은 과학적 발견과 발명이 이루어진 시기다. 자동차, 비행기, 전화와 영화, 다수의 의약품들, 화학비료, 합성염료 등이 모두 이 시대의 창조물이다. 1876년 벨이 유선전화를 발명한 데 이어 에디슨이 축음기(1877), 백열전구(1879), 활동사진(1896)을 만들어 냈고, 마르코니는 무선전신(1895)을 창안했다. 다임러의 가솔린 자동차(1886)와 라이트 형제의 비행기(1903)는 교통혁명을 이루었다. 가정에는 수도, 전등, 전화, 전축, 라디오, 엘레베이터가 설치되기 시작했고, 중앙집중식 난방이 가능해졌다. 각종 엔진과 전기 · 전신의 발명은 동력기관의 혁명적인 변화와 더불어 모든 산업 분야의 기계화를 이루어 냈다. 거리에서는 마차가 자취를 감추는 대신 자동차, 전차, 버스가 질주하고, 도로 밑으로는 전철이 달렸다. 현재 우리가 이용하고 있는 문명의 이기利器 대부분이 이 시기에 발명 또는 발견된 것들이다.

무엇보다 새로운 시대와 미래의 가능성을 시사해 준 것은 공중 여행을 가능하게 한 비행기의 발명이라고 할 수 있다. 1903년 라이트 형제는 엔진과 프로펠러를 설계하고, 동체 아래위로 두 개의 앞날개가 있는 복엽비행기를 완성하여 최초의 동력 비행에 성공했다. 1909년에는 루이 블레리오가 단엽비행기를 타고 영불해협 36.6킬로미터를 약 75미터 고도로 37분 만에 비행하여 일약 영웅이 되었다.

블레리오의 파리 귀환 행사에 직접 참석하기도 한 들로네는, 하늘을 정복한 그 벅찬 감동을 5년에 걸친 다양한 스케치 작업을 거쳐 대작으로 표현해 냈다. 화면 왼쪽 하단에는 블레리오 11호의 프로펠러와 바퀴, 오른쪽 상단에는 인류 최초의 비행기인 라이트 형제의 복엽기가 보인다. 크고 작은 원반들이 얽혀 있는 가운데에는 하늘 정복의 위업을 달성한 라이트 형제와 블레리오의 비행기를 그려 넣어 블레리오의 쾌거를 찬미했다. 색채는 빛의 변화에 기인한다고 믿으며 오직 색채의 대비로만 창출되는 그림을 그리고자 했던 들로네는, 구상에서 비구상으로 이행하면서 색채 자체에 의한 율동적인 공간 표현을 달성코자 했다. 그래서 그는 덧창에 조그맣게 구멍을 뚫고 이 구멍을 통해 들어오는 햇빛을 연구하고 분해하고 분석했다. 색채가 주제이자 동시에 골격이 되는 그림을 향한 들로네의 의도는 여러 색

도버해협 횡단비행 이륙 준비 중인 루이 블레리오.

채가 서로 대비 관계를 이루면서 전체적으로 원모양을 이루는 〈원반〉 시리즈로 형상화되었다. 〈블레리오에게 바치는 경의〉에서는 원반의 수가 크게 늘어 시각적으로 힘찬 운동감을 준다.

그림의 주제로 정물을 선호한 입체주의자들과는 달리 기술과 현대인의 삶을 주로 다룬 들로네는 〈블레리오에게 바치는 경의〉를 통해 '동시주의Simutanéisme'에 대한 자신의 생각을 천명하였다. 선명한 빛깔로 채색된 몇 개의 동심원군으로 구성되어 추상에 가깝게 만들어진 이 그림은 그림을 보는 사람들로 하여

금 마치 공중에 떠 있는 것 같은 체험을 하게 한다. 비행기 프로펠러의 빠른 움직임, 바퀴, 프리즘과 같은 순수한 색채로 나타난 눈부신 태양 광선이 크고 작은 동심원들로 표현되었다. 캔버스 속 움직임은 항공학에서 빌린 형태(복엽기, 나선)에 의해 추진된다. 땅으로부터의 인간 해방을 상징하는 비행기는 들로네에게 전통 회화 코드에서 벗어나 "객관적"이고 "순수한 회화"로 나아가는 구실을 제공한다. 물질문명과 과학기술에 매혹되어 좀 더 나은 미래와 진보를 기대했던 화가는 물리적 거리 개념을 없애고 탁 트인 파노라마를 향해 나아갈 수 있도록 비행기라는 소재를 선택했다. 들로네는 서술적인 방식으로 조화로운 풍부함을 담아내는 과거의 그림에 반대했다. 화면 오른쪽 위에 그려진 창공에서 내려다본 에펠탑을 통해 마치 자신은 현대 화가라고 당당히 주장하는 것 같다.

프랑스혁명 100주년이었던 1889년 파리에서 개최된 만국박람회에서는 유럽 각국의 선진 문물과 아프리카, 아시아 등 유럽에 생소한 지역의 이국적인 문명이 소개되었다. 당시 개최국 프랑스가 경쟁 국가였던 영국을 압도하는 기술적 선진성과 문화적 우월성을 과시하고자 만든 에펠탑은 국가적 이미지와 위상을 대외적으로 선전하는 상징물이었다. 엔지니어 귀스타브 에펠이 9천 톤의 철을 사용해 제작한 높이 300여 미터의 에펠탑은 당시 세계에서 가장 높은 구조물로서, 일곱 개의 계단과 네 대의 엘리베이터가 설치되었다. 철골로 이루어진 에펠탑이 처음부터 환영을 받은 것은 아니다. '철'을 산업시대를 대표하는 비예술적이며 천박한 재료로 여기는 반대 여론도 만만치 않았다. 소설가 알렉상드르 뒤마Alexandre Dumas, 기 드 모파상Guy de Maupassant이나 화가 윌리엄 아돌프 부게로William-Adolphe Bouguereau, 장 레옹 제롬Jean-Léon Gérôme 등은 대표적인 에펠탑 반대론자였다.

그러나 새로운 것에 민감하게 반응하는 젊은 예술인들과 대중들은 근대 과학기술과 건축기술을 상징하는 이 거대한 철골 구조물에 열광했다. 화가 앙리 리비에르Henri Rivère는 가쓰시카 호쿠사이의 〈후가쿠 36경〉에서 영감을 얻어 〈에펠탑 36경〉을 제작했고, 에펠탑이 완공되던 해 조르주 쇠라는 우뚝 솟은 에펠탑을 화폭에 담았다. 에펠탑은 파리 전역에서 볼 수 있는, 도시의 근대적 발전을 상징하는 존재였다. 전기 조명까지 설치되어 밤에는 더 위력을 발휘했다. 에펠탑이 완공되던 해 4살이었던 들로네는 에펠탑이야말로 시대가 이룬 기적이며 근대성의 상징이라고 여겼다. 그는 1909년부터 20여 년간 약 30점의 에

앙리 리비에르, 〈에펠탑 36경 중 3
경: 트로카데로 광장에서 바라본
건설 중인 에펠탑〉, 1888~1902.

펠탑 작품을 완성했다.

들로네의 에펠탑 연작은 큐비즘 방식을 응용하여 현대성을
표현한 대표적인 작품으로 꼽힌다. 에펠탑은 산업혁명을 주도
하며 유럽 최강국으로 부상한 프랑스의 과학기술과 국부國富를
증명하는 표상이었다. 들로네는 에펠탑을 기계시대의 에너지
가 집약된 상징으로 여기고, 이것이 현대미술에 에너지와 힘을
불어넣어 줄 수 있다고 생각했다.[1]

---

1 김현화, 앞의 책, 258쪽.

에펠탑 연작은 들로네가 당시 관심을 가지고 있던 입체주의가 적용된 작품으로, 들로네는 다양한 시점으로 파악되는 여러 형태를 탐구하고자 연작이라는 방식을 선택했다. 들로네의 캔버스 속 에펠탑을 보면 아래에서, 중간층에서, 위에서, 안에서, 멀리서, 가까이에서 보는 듯한 10여 개의 시점에서 형태와 선의 연결이 끊기고 겹치고 부서진다.[2]

들로네는 큐비즘을 바탕으로 빛, 기계의 에너지, 리듬 등을 순수 색채로 표현하는 독자적인 추상회화를 개척한 대표적인 화가다. 그는 인상주의에서 출발하여 신인상주의, 야수주의를 거쳐 큐비즘에 안착했다. 들로네의 작품 세계에서는 이러한 다양한 사조들이 분리되지 않고 서로 연결되는데, 이러한 유기적인 연결을 통해 그는 고유의 조형성을 정립할 수 있었다.

20세기 초반에 무용 동작, 필체, 음악, 체조, 회화, 조각 등 많은 것들이 운동, 조화, 리듬에 초점을 두고 이해되기 시작했다.[3] 이러한 상황에서 들로네는 다시점多視點을 활용해 표현한 시간과 공간의 동시성으로 역동성, 현대성, 그리고 에너지와 힘을

---

2 김영나, 《김영나의 서양미술사 100》, 효형출판, 2017, 404쪽.

3 피터 메리만·린 피어스, 앞의 책, 28쪽.

로베르 들로네, 〈붉은 에펠탑Champs de Mars: The Red Tower〉, 1911, 160.7×
128.6, Art Institut of Chicago, Chicago.

성공적으로 드러냈다.

들로네의 에펠탑은 당시 파리의 역동성과 현대적인 느낌을
가장 잘 보여 준다. 분할된 다시점多視點 표현과 테크놀로지를

찬양하는 기계미학의 관점이 포함된 들로네의 작품은 한때 큐비즘과 미래주의를 절충한 양식이라는 비난을 받기도 했지만, 그의 그림에는 큐비즘과 미래주의에는 없는 그 무엇이 있었다. 바로 '감각적인 색채에 의한 감정적인 효과'가 그것이다.

1912년부터 들로네는 구상과 추상을 오간다. 들로네는 빛과 색에 대한 관심을 키우면서 색채의 대비로만 표현하는 회화를 꿈꿨다. 그는 큐비즘적인 형식을 버리고, 색채를 대비시키고 병렬하면서 색채의 관계로만 구성된 회화를 '동시주의 simultanéisme'라고 불렀다. 들로네는 색채의 구성만으로도 회화적 공간을 연출할 수 있다고 생각했다. 색채는 자율성을 지니면서도 동시에 이웃한 색채들과 관계 맺으며 광선의 감각과 움직임, 공간의 깊이와 리듬을 표현한다.[4]

들로네는 단순히 빛의 포착에 관심을 가진 것이 아니라, 빛을 창조하기 위해 색채와 과학적 이론을 결부시켰다. 그는 기계의 속도가 주는 리듬과 광선에 매혹되었다. 들로네는 태양 광선 스펙트럼의 이동성, 모터의 속도 등에서 시적 충만함을 느꼈고, 산업기술 사회의 비행술, 자동차의 속도감, 기계의 에

---

4 김현화, 앞의 책, 261쪽.

너지, 리듬 등을 순수 색채로 표현했다.[5]

　〈카디프 팀〉은 들로네가 오르피즘이라는 새로운 미술운동의 포문을 연 작품으로 평가되는 작품이다. '오르피즘'이라는 명칭은 시인 기욤 아폴리네르Guillaume Apollinaire가 〈카디프 팀〉을 보고 만들어 낸 용어로, 시적인 색채와 율동적인 형태가 음악을 연상시킨다 하여 붙여진 명칭이다. 영혼을 울리는 연주로 신을 즐겁게 했다는 신화 속 시인이자 음악가인 오르페우스의 이름에서 연유한 오르피즘. 아폴리네르는 들로네의 작품에서 기존의 예술과는 완전히 다른 요소를 발견한 것이다. 1913년 〈창문〉 시리즈 이후 들로네는 〈카디프 팀〉 시리즈를 제작했다. 이 시리즈는 당시 그가 전념하던 스포츠, 특히 축구와 럭비를 주제로 다룬다. 이는 아폴리네르가 주장한 '근대 숭배'에 잘 반응하는 주제로, 그때까지 거의 다루어지지 않은 주제였다. 새로운 세대의 '활력의 정신'을 칭찬하는 것은 당시 신문의 어조와도 일치한다. 이 작품은 추상적이지 않다. 럭비 선수는 색상 집합체의 일부로 대관람차와 에펠탑 앞에 그려져 있다. 도시적인 장식을 상징하는 광고판은 화면에서 가장 큰 자리를 차

5　김현화, 앞의 책, 262쪽.

로베르 들로네, 〈카디프 팀L'Équipe de
Cardiff〉, 1922, 129.8×96.6, Musée de l'art
moderne, Paris.

지하고 있다. 이러한 이미지는 들로네가 소장하고 있던 영어
잡지와 엽서에서 차용한 것이다.

현대사회의 동력을 찬미하고자 했던 들로네는 차차 개인적
예술 활동 영역에서 벗어나 건축으로 통합된 예술로 나아가려
는 의지를 보인다. 1937년 파리 만국박람회에 소개된 들로네의

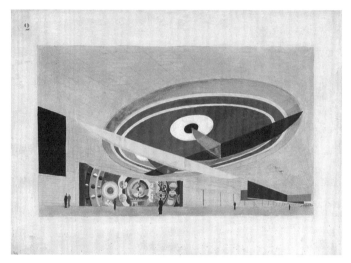

로베르 들로네, 〈항공관 메인 홀을 위한 장식〉, 1937, Centre Pompidou.

로베르 들로네, 〈공기, 철, 물Air, Iron, and Water〉, 1937, 974×1514, The Israel Museum, Jerusalem.

작품은 이러한 의지의 표현이라고 할 수 있다. 들로네는 항공관 메인 홀을 장식할 기념비적 규모(780미터)의 부조와 벽화를 제작한다. 이 작품에서 그는 거대한 순환적 리듬 속에 바퀴, 표지판, 나선 구조 등 철도와 항공의 기계적 요소들을 통합한다. 철도관 입구에 걸어 놓을 〈공기, 철, 물〉이라는 10×15미터 규모의 광고판도 제작하였는데, 들로네는 이 공동작품에 직접 '붓을 대지는' 않았지만 초안을 설계하고 철저한 태도로 동료들을 이끌었다.

들로네는 사람들이 자신의 캔버스에서 단순히 움직임을 보는 것 이상을 체감하기를 원했다. 그는 사람들이 눈으로 움직임을 느끼고 그것을 경험하기를 원했고, 급격한 기술 변화를 겪고 있는 세상에 대한 그의 큰 열정을 나누고 싶어 했다.

자동차와 비행기의 시대. 예술과 기술의 결합을 추구한 들로네의 그림 속, 모빌리티는 도전이다.

5

모빌리티는 역동이다

자코모 발라Giacomo Balla(이탈리아, 1871~1958), 〈추상적 속도+소음-Abstract Speed+Sound〉, 1913,
54.5×76.5, Foundation Guggenheim, Venice.

1912년 말부터 1913년 초까지 자코모 발라의 관심사는 빛이 쪼
개지는 묘사에서 움직임의 탐구, 특히 경주용 자동차의 속도로
옮겨 갔고, 1913~1914년에 진행된 중요한 일련의 연구로 이어
졌다. 발라가 추상적인 속도의 상징으로 자동차를 선택한 것은
1909년 2월 20일《르 피가로》지에 발표된 첫 번째 미래주의 선
언문을 떠올리게 한다. 〈추상적 속도+소음〉은 대기를 통과하

는 자동차가 유발한 풍경의 변화를 다루는 3부작 중 가운데 부분이다. 자동차 속도가 유발한 단편화된 연상에 대한 해석은 패널마다 다른데, 구겐하임 재단이 소장하고 있는 작품은 소리를 나타내는 십자형 모티프와 선과 평면의 반복적 사용으로 구분된다. 발라는 이 작품 외에도 같은 풍경에서 움직이는 자동차를 주제로 많은 연구와 변형을 시도했다.

20세기 초 유럽은 도시가 커지고 기계와 통신이 발달하면서 기성 개념과 사고가 붕괴되는 급속한 사회 변화를 겪고 있었다. 이동 가능하고, 감지되고, 지각되고, 표현되고, 측정되고, 안무되고, 음미되고 욕망되는 방식들에 민감한 그림들이 나타나기 시작했다. 19세기 후반과 20세기 초반에 이르는 기간 동안 유럽 미술계에는 기계문명의 눈부신 발달에 대한 찬사가 이어졌다. 화가들은 과학과 기술의 발전이 내일의 희망을 보증하는 징표임을 의심치 않았고, 이를 캔버스에 표현하고자 했다. 제1차 세계대전 직전 이탈리아에서 일어나 파리로 파급된 미래주의futurism는 그 대표적인 흐름이었다. 이들은 근대성의 지표로 독해되는 운동과 이동의 실천, 감각, 공간, 경험의 역사적 출현, 변형, 함의를 추적하는 데 관심을 기울였다. 이 시기의 주요 특징 중 하나는 모든 게 빨라진다는 징후였다. 사람들이 더

빨리, 더 멀리 이동할 수 있게 되었다는 차원을 넘어, 삶 자체가 더 빠른 속도로 살아지고 한정된 시간에 더 많은 활동이 쑤셔 넣어졌다. 운동과 속도, 가속의 감각, 기록, 경험, 기계문명과 미래에 대한 열광적인 믿음이 넘쳐나기 시작했다.

필리포 마리네티Filippo Tommaso Emilio Marinetti(1876~1944)의 저돌적이고 요란스러운 〈미래주의 선언문〉은 이 열광을 가장 직접적으로 드러내 준다. 마리네티는 고대 로마와 르네상스 같은 영광스러운 과거의 회고에만 젖어 있던 이탈리아를 현대미술의 주류로 이끌 혁신을 촉구했다. 20세기 초 산업혁명에 뒤쳐진 이탈리아는 경제는 낙후되고 부패가 만연했다. 이탈리아의 젊은 문화예술인들은 전통과 구습의 파괴를 외치며 산업, 과학기술, 기계혁명으로 대변되는 현대성을 찬미했다. 마리네티의 선언문에 공감을 표한 젊은 예술가들이 모여 미래주의 그룹을 형성했다. 타성과 안이함에 젖은 부르주아 문화를 혐오한 미래주의자들은 도시를 가장 현대적인 삶의 상징으로 보았고, 속도와 에너지, 운동감과 소음을 도시의 특성으로 인식했다.

기계문명을 찬양하는 예술가의 〈미래주의 선언문〉 발표는 미래파 미술의 출발이다. 미래파란 큐비즘을 활용해 현대성을 상징하는 회화이론과 조형적 형식을 선언하고 이에 따라 활동

1909년 2월 20일자 《르 피가로》지에 실린 미래주의 선언문.

한 그룹이다. 미래파는 사진, 건축, 영화, 연극 등 폭넓은 분야를 포괄하는 예술운동이었다. 1909년 《르 피가로》지에 발표된 선언에서 마리네티는 '기계의 위력으로 출현한 새로운 세계를 환영하고, 과거에 대한 모든 집착을 거부할 것'을 주장했다. 그리고 '새로운 형태의 미, 속도의 아름다움으로 세계가 빛나게 될 것'을 선언했다. 그는 "마치 터질 듯이 헐떡이는 뱀 같은 파이프로 장식된 멋진 경주용 자동차, 폭발하는 화약으로 미친

듯이 달리는 자동차는 사모트라케의 여신상보다 아름답다"며 미래주의를 예술 형식에 담아낼 것을 주장했다. 이들은 정적인 자연이나 인간의 모습을 주로 담았던 과거의 미술을 부정하고, 빠른 속도로 질주하는 자동차와 비행기처럼 속도감 있게 움직이는 사물을 묘사하고자 했다.

미래주의 선언은 봉건적 관습에 젖어 정치적·사회적·문화적 쇠퇴를 방조하는 기성세대에 대한 젊은 세대의 분노와 저항 의식을 함축하고 있다. 마리네티는 모든 전통을 파괴해야 한다면서 오로지 투쟁을 통해서만 아름다움이 존재할 수 있다고 주장했다. 그는 전통을 무너뜨릴 혁명이나 전쟁을 찬양했다. 진부하고 낡은 구태에서 벗어날 대안으로 현대성을 찬양했고, 기계문명의 역동성과 속도감을 조형적 미로 선언했다. 미래주의 미술은 전 유럽에 소개되어 현대성의 찬미와 움직임의 동시성을 표현하는 경향에 영향을 주었다. 미래주의자들이 추구한 주제는 현대 도시의 힘찬 역동성과 진보성이다. 미래주의의 대표적인 미술가인 보초니가 밀라노에 정착하여 마리네티를 만나고 미래주의에 확신을 얻은 것도 1907년 이 무렵이다.

움베르토 보초니Umberto Boccioni(1882~1916)는 자코모 발라, 지노 세베리니Gino Severini(1883~1966), 카를로 카라Carlo Carrà

(1881~1966)와 같은 동료와 함께 〈미래주의 회화선언문〉을 준비했다. 이 선언문은 1910년 2월 11일, 토리노의 한 극장에 모인 3백 명의 관중 앞에서 발표되었다. 이들은 공격적이고 자극적인 어조, 모든 종류의 혁신을 주장하며 그림을 위한 새로운 주제를 모색코자 했다. 이 선언문에서 보초니 등이 슬로건으로 내건 것은 역동주의로, 그들이 상상한 세계는 도시의 약동하는 삶과 새로운 기술적 발전으로 가득 차 있었다. 미래주의자들이 선호한 주제는 소음, 흥분, 속도였다. 그들은 이 슬로건에 따라 선과 빛, 그리고 색채로 구성된 미래상을 창조하고자 했다. 그리하여 속도와 동작을 표현하고, 감각적 · 역동적 자극 형식을 통해 생활의 동시성을 표현할 방법을 모색했다.[1]

속도에 강한 매력을 느낀 미래주의 화가들은 동작을 미술 속으로 끌어들였다. 물체에 가해지는 특별한 힘의 형태로 에너지를 표현하는 한편, 속도감과 역동성, 기술공학적 감각 등의 현대성을 바탕으로 미래주의 신념을 드러냈다. 보초니의 〈도시가 일어나다〉(1910)나 루이지 루솔로Luigi Carlo Filippo Russolo(1885~1947)의 〈자동차의 역동성〉(1912~1913)에서는 기계문

---

1 플로리안 하이네, 《거꾸로 그린 그림》, 최기득 옮김, 예경, 2010, 341쪽.

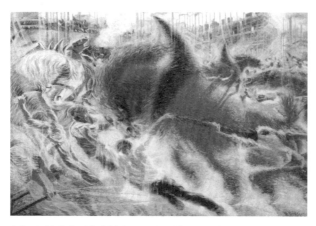

움베르토 보초니, 〈도시가 일어나다La città che sale〉, 1910~1911, 199.3×301, Museum of
Modern Art, New York.

루이지 루솔로, 〈자동차의 역동성Dinamismo di un'Automobile〉, 1912~1913, 104×140,
Centre Pompidou, Paris.

명의 발전에 대한 열광과 새로운 테크놀로지를 향한 그들의 신앙을 오롯이 읽어 낼 수 있다.

　미래주의 그림에서는 시간성이 가장 중요한 요소다. 시간은 멈출 수 없고 흘러가기 때문이다. 미래주의자들은 시간성이 적극적으로 개입된 소용돌이치는 감정과 현대적 삶의 역동성을 절대적 직관으로 탐구하고자 했다. 그들은 다시점多視點의 동시성을 표현하여 움직임을 파악하는 방식에 관심을 가졌고, 움직임이 형태를 만들어 낸다고 믿었다. 따라서 연속적인 움직임, 연속성의 형태를 표현하고자 했다. 미래주의는 특히 속도의 엑스터시에 주목했다. 미래주의 화가들은 움직이는 대상보다 대상의 움직임을 더 중시했다. 그들은 운동을 표현하기 위해 회화에 시간 요소를 도입하여 속도를 시각화하고, 기계문명을 예찬하고 기계시대의 새로운 인간상을 추구했다. 실제 동작과 동작의 환영에 더해 물체의 내부에서 작용하는 힘, 물체에 가해지는 힘, 물체 주위에서 작용하는 힘을 보여 주려 했다.

　회화에서 움직임이 화두로 떠오른 데에는 19세기 말 마이어브리지와 쥘 마레의 사진이 큰 역할을 했다. 동물과 인간의 동작을 연속해서 촬영함으로써 움직임을 규명하고자 한 이들의 사진은 근대사회의 역동성에 부합한 것으로 여겨졌고, 발라의

〈끈에 묶인 개의 역동성〉도 이러한 사진의 영향을 받아 제작되었다. 발라는 움직임 자체에 초점을 두면서 추상 표현으로 나아갔다. 〈끈에 묶인 개의 역동성〉은 동작 분석을 통해 움직임의 메커니즘을 묘사하려 한 시도로, 개의 발과 꼬리 그리고 목줄이 움직임에 따라 어떤 궤적을 그리는지를 추적해 표현했다. 〈끈에 묶인 개의 역동성〉은 마치 카메라를 장시간 노출시켜 찍은 사진 작품처럼 보인다. 움직임의 연속성에 초점이 맞춰지다 보니 강아지와 여인의 발이 가진 본질적인 이미지는 불분명하게 사라지게 된다. 시간과 속도의 빠름은 궤적으로만 나타날 뿐, 개념으로서의 원형은 의미가 없어진다. 순간을 포착하는 노출과 기교를 통해 대상을 궤적으로 표현한다. 움직임을 다루면서 미래주의 화가들은 결코 해결할 수 없으리라 생각했던 문제를 해결하게 되었다. 움직임을 통해 시간성을 표현할 수 있게 된 것이다. 아주 오랫동안 이어져 내려온 시각예술의 역사는 인간이 볼 수 있는 세계를 회화나 조각 매체로 재현하거나, 인간의 눈으로 볼 수 없는 절대적 관념이나 상상의 세계를 우리가 경험하여 인지하는 형태와 색채를 매개로 형상화해 온 역사다. 예술가들은 재현이라는 과제를 다루면서 자신들이 경험한 세

자코모 발라, 〈끈에 묶인 개의 역동성Dinamismo di un cane al guinzaglio〉, 1912, 91×110, Albright_Knox Art Gallery, New York.

계를 가능한 한 진실한 방식으로 전달하고자 노력해 왔다.[2]

발라는 역동성과 동시성을 묘사하게 위해 중첩된 시점을 사용했다. 그는 예술을 운동에 대한 수학적 연구로 보았고, 움직

---

2 김희영, 〈예술매체로서의 빛〉,《지식의 지평 19》, 2015, 1쪽.

움베르토 보초니, 〈사이클 선수의 역동성Dinamismo di un Ciclista〉, 1913, 70×95, Peggy Guggenheim Collection, Venice.

임을 추상적인 속도의 선을 발견하는 데 필요한 출발점이라고 여겼다. 발라의 그림 속 속도는 중첩된 시점을 통해 리드미컬한 흐름으로 나타난다. 서로 다른 상황과 시간적 차이에 의해 분리된 장면이 한 장의 그림으로 통합된 것이다. 시간이라는 요소가 더해진 입체파 회화를 추구한 미래주의 미술은 맥박이 뛰는 듯한 생동감의 표현에 집중하며 현대의 일상 가운데 특히 산업화·기계화의 단면에 주목했다. 당시 유럽과 미국을 풍미하던 실증적이고 실용적인 사고방식은 맹렬하게 확대되던 자본주의 산업화 및 기계문명과 더불어 미래주의 미술의 등장을 자극했다. 미래주의 미술은 기계가 지닌 차가운 아름다움을 조형예술의 주제로 삼았고, 기계문명이 만들어 내는 역동성과 속도를 적극적으로 형상화했다. 그들은 번쩍이는 자동차 불빛, 공장 굴뚝 연기, 비행기 프로펠러, 기관차의 굉음 등 현대사회의 기술과 그 역동성에 열광했다. 신체나 오브제 내부에서 발산하는 힘으로 인해 이동하기 직전과 직후 동작의 연속성이 주변 공간과 환경 속에 침투해 가는 모습을 전달[3]하며 인간과 기계, 에너지가 혼합된 모습을 표현해 냈다.

공감각적인 총체 회화를 꿈꾸던 미래주의 예술가들은 정치사회 문제에도 적극적이었는데, 특히 20세기 초 유럽의 팽창주의, 식민주의, 국제적 갈등과 같은 위태로운 분위기에 예민하게 반응했다. "우리는 세상에서 유일한 위생학인 전쟁과 군국주의, 애국심과 자유를 가져오는 이들의 파괴적 몸짓, 목숨을 바칠 가치가 있는 아름다운 이념, 그리고 여성에 대한 조롱을

---

3 김영나, 앞의 책, 400쪽.

찬미한다." 1909년 〈미래주의 선언문〉에서 이렇게 공표한 마리네티가 1933년에 파시스트 정권의 문화부 장관에 임명된 것은 어찌 보면 자연스러운 수순으로 보인다. 미래주의자들은 전쟁이 세계를 순수하게 만들 것이라는 믿음 아래 극단적인 국수주의를 표방했다. 이들이 찬양했던 전쟁은 5년 후 현실이 됐고, 이탈리아는 1915년 전쟁에 참전한다.

카라가 그린 〈개입주의자 선언문〉(1914)은 항공기에서 뿌려지는 선전용 전단에서 영감을 받은 작품으로, 빠르게 돌아가는 프로펠러에서 전쟁 선동 구호들이 쏟아져 나오는 형태를 하고 있다. 보초니가 그린 〈창기병의 진군〉(1915)은 돌진하는 창기병들의 움직임을 영웅적으로 찬양한다. 총으로 무장한 적에게 중세 무기인 창을 들고 무모하게 돌진하는 창기병을 그린 순진함. 기갑병에 자원입대한 보초니는 훈련 중 부상으로 1916년 서른넷의 나이에 목숨을 잃는다. 군국주의 · 제국주의 · 파시즘이라는 끔찍한 배경 앞에서 예술가들이 꾸었던 꿈은 악몽이 되었고, 미래에 대한 이들의 단선적인 전망은 이렇게 종착역에 닿았다.

혼돈의 시대, 예술과 과학의 경계를 오가며 더 빠른 속도로 나아가고자 했던 발라의 그림 속, 모빌리티는 역동이다.

6

모빌리티는 전복이다

마르셀 뒤샹Marcel Duchamp(프랑스, 1887~1968),
〈자전거 바퀴Bicycle Wheel〉, 1951(1913년작 오리
지널 재현), 129.5×63.5×41.9, Museum of Modern
Art, New York.

등받이가 없는 나무로 된 의자와 철로 만들어진 자전거 바퀴가
조립되어 있다. 이 작품은 마르셀 뒤샹이 일상생활에서 발견
한 물건을 재구성한 것으로, 이미 완성된 기성품인 나무 의자
와 자전거의 일부분을 이용하여 낯설고 신선한 느낌의 조형
물을 만들었다. 기존의 사물이 갖고 있던 상식적인 의미와 무

관한 새로운 의미를 갖게 한 것이 이 작품의 가장 큰 의의라고 할 수 있다. 뒤샹의 〈자전거 바퀴〉는 평범한 물체를 예술로 둔갑시킨 최초의 '레디메이드Ready-made' 작품이다.

뒤샹은 물체를 선택하는 행위조차 예술적이고 창조적인 과정이라 생각했다. 그전까지 미술은 고차원적인 의미를 지닌 관념을 표현하고 거기에 모양을 갖추는 작업으로 간주되었다. 뒤샹은 이런 생각을 거부했다. 그의 목적은 자신이 선택한 물체를 통해 삶의 순간성을 드러내는 것이었다. 이러한 새로운 발상은 그동안 물질을 중시하던 감각적 표현에서 정신이라는 내면의 무엇을 표현하는 것을 더 중시하는 시도였다.

뒤샹은 눈에 보이는 것을 그리는 이른바 '망막회화Retinal Painting'를 거부했다. 그는 당대 과학 문명의 발전에 충격을 받았고, 이에 발 빠르게 반응했다. 뒤샹은 예술 작품의 의미와 기능이 달라졌다고 보았다. 레제와 뒤샹은 1912년 무렵부터 가깝게 지냈고, 둘 다 기계미학에 관심이 있었다. 1912년 늦가을, 레제와 브랑쿠시, 뒤샹은 파리 그랑 팔레Grand Palais에서 열린 항공기 전시Exposition de la locomotive aérienne를 보러갔다. 전시장을 둘러보던 뒤샹이 갑자기 브랑쿠시에게 말했다. "이제 회화는 끝났어. 누가 이 프로펠러보다 더 아름다운 걸 만들 수 있겠어?" 뒤샹은

〈제4회 항공기 전시회〉 포스터, 1912.

새로운 문명의 충격에 압도되었다.

전쟁이 일어나기 직전인 1913년, 미국으로 간 뒤샹은 다다이
즘의 정신을 과감하게 실현해 나갔다. 사실 미국으로 간다는
것 자체가 자유와 변화를 향한 엄청난 행보였다. 떠나온 유럽

에 전운이 감돌던 시기, 뒤샹은 의자 위에 자전거 바퀴를 올려놓은 최초의 오브제를 만들었다. 자전거 바퀴든 의자든 뒤샹이 만든 건 아무것도 없다. 시중에서 돈만 주면 얼마든지 구할 수 있는 공업 제품이다. 예술과 무관해 보이던 의자와 자전거 바퀴처럼, 그 용도나 배치된 공간을 고려할 때 만나기 어려운 물건들을 만나게 하여 예술 작품으로 바꾸는 시도다. 거리가 먼 두 사물을 만나게 하고, 일반적인 바퀴의 용도와는 다르게 거꾸로 세워 놓았다는 점에서 화가의 의식적 개입이 이루어진 것이다. 이를 통해 기술적 유용성이 사라진 자리에 예술적 의미를 담은 최초의 레디메이드 작품이 탄생했다. 아름다움을 추구하는 전통적인 미술 개념에 대한 정면 거부였다. 이를 통해 뒤샹은 공업 제품이라 하더라도 얼마든지 예술적 감흥을 자아낼 수 있음을 주장했다. 이로써 예술가의 손길이 닿지 않은 인공물 자체가 예술로서의 가능성을 갖기 시작했다. 기성품으로 만들어진 사물에 예술가의 구상과 개입이 결합된 것이다.[1]

흥미로운 것은 뒤샹이 이 작품을 처음 제작할 때는 바퀴가 돌아가게 만들었다는 점이다. 돌아가는 바퀴는 움직이는 작품

1 박홍순, 《지적 공감을 위한 서양 미술사》, 마로니에북스, 2017, 353쪽.

이라는 점에서 큰 조형적 효과를 거둘 수 있었다. 견고하고 딱딱한 성질의 철은 주로 정적인 효과를 주기 때문에 움직이는 철은 당시 미술작품에 대한 일반적인 생각을 뒤흔들었다. 이 동그란 원은 동요, 변화, 숙명, 불확실성이라는 개념과 관계한다. 뒤샹은 이 〈자전거 바퀴〉 앞에 앉아 벽난로에서 춤추는 불길을 보는 것처럼 몇 시간이고 자전거 바퀴가 돌아가는 것을 바라보았다고 말했다. 뒤샹은 해체 기법을 통해 부동성과 이동성에 관련된 주제를 탐문했다.

서양 미술사에서 동작이 일어난 '직전과 직후'를 묘사한 최초의 그림은 디에고 벨라스케스Diego Velasquez(1599~1660)의 〈실 잣는 여인들〉이다. 이 그림에는 오비디우스의 〈변신 이야기〉에 나오는 아라크네의 이야기가 묘사돼 있다. 여기서 우리의 관심을 끄는 부분은 앞쪽에 등장하는 물레의 형태이다. 모든 부분이 완벽하게 묘사된 덕분에, 우리는 물레의 형상을 쉽게 알아차릴 수 있다.

그런데 물레에서 가장 중요한 부분임에도 그려지지 않은 것이 있으니, 바로 물레바퀴의 살이다. 여기서 우리는 물레 살의 희미한 모습을 보게 되는데, 이런 묘사와 경험으로 우리는 물레가 빠른 속도로 회전하고 있다고 생각하게 된다. 물레가 돌

디에고 벨라스케스, 〈실 잣는 여인들Las Hilanderas〉, 1657, 167×250, Museo del Prado, Madrid.

아가는 부드러운 소리까지 상상할 수 있다. 이런 묘사 방식이 새롭고 독특한 이유는 동작과 속도를 표현하기 위해 빛과 생략법을 활용했다는 점이다. 벨라스케스는 물체를 묘사할 때 세부 형태를 많이 그리면 그릴수록 물체가 고정된 듯이 보인다는 점을 알고 있었다. [2]

2 플로리안 하이네, 《거꾸로 그린 그림》, 최기득 옮김, 2010, 270쪽.

벨라스케스에게 중요한 것이 움직이는 현상을 포착해서 재현하는 것이었다면, 뒤샹에게는 움직임이란 연속적인 것이며 그 본질적인 의미는 고정된 물체의 '뒤쪽에서' 또는 물체를 '통해' 표현될 수 있다는 것이 더 중요했다.

실제로 뒤샹은 움직임에 대한 본질적이고 철학적인 탐구를 꾸준히 시도했다. 〈계단을 내려가는 누드 No.2〉에서 뒤샹은 누드 형상을 마치 움직이는 기계처럼 묘사했다. 공간을 기하학적으로 구성하고, 한 공간에서 여러 시간을 한꺼번에 재현하는 기법은 입체파의 영향을 받았다. 이처럼 〈계단을 내려오는 누드 No.2〉는 본질적으로 입체주의 회화이지만 오히려 입체주의 화가들과 불화를 겪는 계기가 되었다. 그림의 역동적인 표현이 이탈리아 작가들이 주축이 된 미래주의의 특징과 흡사해 보였기 때문이다. 뒤샹은 입체파가 요구하는 그림과 다소 거리를 두며 새로운 방법을 도입했다. 바로 '움직임'이었다. 당시 신기술인 영화에 관심이 많았던 뒤샹은 움직이고 있는 신체의 연속 이미지를 한 번에 표현하는 방법을 고민했다. 그래서 현대의 3D 모델링처럼 사람에게 딱 붙는 옷을 입히고 관절을 표시한 뒤 이를 사진으로 촬영해 신체의 움직임을 관찰하는 방법을 도입했다. 그렇게 뒤샹은 기하학과 차원이라는 수학 개념과, 운

마르셀 뒤샹, 〈계단을 내려가는 누드 No.2Nu
descendant un escalier n° 2〉, 1912, 147×90,
Philadelphia Museum of Art, Philadelphia.

동을 재현하는 과학적인 발상을 결합해 작품을 만들었다.

　이동은 놀라운 가능성을 낳을 수 있지만, 마찬가지로 예기치
못한 위험과 고통을 낳을 수도 있다. 뒤샹은 1913년 뉴욕의 아
모리쇼에 〈계단을 내려가는 누드 No.2〉를 출품해서 큰 관심을
받았으나, 창조와 해석 개념을 더 근본적인 방식으로 바꾸려
한 뒤샹은 이후 회화에서 손을 떼고 오브제 작업에 돌입하여

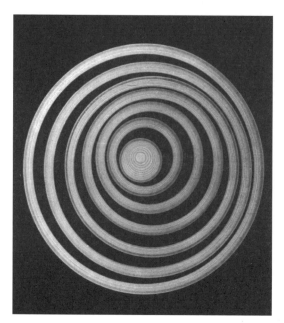

영화 〈빈혈증의 영화Anémic cinéma〉(1926).

〈자전거 바퀴〉를 제작한다. 사실 자전거 자체가 하나의 예술
품이라고 주장하는 견해도 있다. 자전거를 키네틱 조각품Kinetic
Sculpture으로 보는 시각과 모던 디자인의 결정체라는 시각 역시
존재한다. 군더더기 없이 모든 구조가 노출되어 있고, 작동 중

인 메커니즘을 직접 볼 수 있다는 점은 상당히 매력적이다. 자전거는 온통 철제 덮개로 말끔하게 덮여 있어 그 안에서 어떤 일이 벌어지고 있는지 철저하게 감추는 자동차와는 사뭇 다른 미학을 지니고 있다.

〈자전거 바퀴〉는 산업적 생산물로 만들어진 물건을 예술 작품의 오브제로 탄생시킨, 즉 비예술적 대상의 일관된 예술적 전용artistic transposition을 시도한 미술사 최초의 레디메이드 작품이자 시각적 효과를 이용한 회전 장치의 출현을 예고한 작품이다. 뒤샹의 시도는 아방가르드 예술 행위란 그것을 가지고 실험하는 도구가 아니라 생각하고 말하기의 도구로 간주되어야 한다는 것을 알려 준다. 뒤샹이 가장 치열하게 활동한 시기는 제1차 세계대전 전후 짧은 기간에 불과하다. 이 짧은 기간 동안 뒤샹은 20세기 후반 개념예술가와 미니멀리스트, 팝아티스트들에게까지 영감을 줄 예술적 모험을 감행했다.

기존의 고정관념을 깨트리며 예술을 물질에서 해방시킨 뒤샹의 작품 속, 모빌리티는 전복이다.

7

모빌리티는 자유다

타마라 드 렘피카Tamara de Lempicka(폴란드, 1898~1980), 〈초록색 부가티를 탄 자화상Tamara in the Green Bugatti〉, 1929, 35×26.6, 개인 소장.

〈초록색 부가티를 탄 자화상〉은 타마라 드 렘피카가 1929년 파리에서 그린 자화상이다. 선홍색 립스틱을 바르고 초록색 부가티 자동차 안에 몸을 싣고 앉아 있는 나른한 눈매의 여인은 다름 아닌 타마라 데 렘피카 자신이다. 꽉 끼는 헬멧 아래로 보이는 금발의 컬은 고급 실처럼 아름답고, 운전대 위에는 긴 가죽 장갑을 낀 손이 놓여 있다. 렘피카는 단호하지만 냉담한 시선으로 미래를 바라보고 있다.

독일 여성잡지 《디 다메Die Dame》지誌의 표지 청탁을 받아 제작된 이 작품에서 이탈리아제 고급 스포츠카 부가티Bugatti 자동차는 거칠 것 없이 전진하는 '스피드speed'를 상징한다. 운전대를 쥐고 있는 주인공은 그 어떤 남성 배우자나 운전기사 없이도 홀로 설 수 있는 독립된 여성상과 여성해방주의를 거침없이 내뿜고 있다. 머리에 꽉 끼는 아르데코풍 에르메스 헬멧과 긴 장갑으로 치장하고 매혹을 발산하는 주인공의 초상은 1920년대 여성들이 꿈꾸던 판타지를 한 편의 그림 속에 모조리 구현한 신여성 이미지의 결정판이다. 잡지광고의 긴밀한 구성, 속도와 기계의 시대, 근대성의 모멘텀으로 미래주의적 낭만을 홍보하는 당대의 이미지라 할 수 있다.

《디 다메》의 여성 편집자는 모나코 몬테카를로에서 만난 렘피카에게 잡지 표지를 의뢰했고, 렘피카는 가죽 헬멧과 장갑을 끼고 회색 스카프를 두른 자신이 부가티 레이싱카 운전석에 앉아 있는 모습을 그렸다. 목에 감은 스카프가 공중으로 날아가면서 차가 움직이는 상태를 표현한다. 그녀는 이러한 자신의 모습으로 냉정한 아름다움, 독립성, 부를 의인화했다. 이 그림 속에서 여성은 더 이상 한계에 갇힌 존재가 아니다. 잡지에 실리자마자 그림은 유명해졌고, 곧 여성의 독립성을 상징하는 아이콘이 되었다. 렘피카의 예술 스타일에는 입체파와의 연관을 보여 주는 기하학적 구성이 많이 포함되어 있지만, 그녀의 스타일은 구상미술에 대한 과거의 관습과 미학을 유지하고 있다.

관능과 욕망의 이미지로 가득한 〈초록색 부가티를 탄 자화상〉은 1930년대 자동차 모빌리티와 여성 문제에 대한 여러 가지 층위의 독해를 암시한다. 산업화와 그에 따른 도시의 성장은 전통적인 가치관의 붕괴를 가져왔고, 그 중요한 징후는 여성들을 중심으로 일어났다. 독립과 재정적 성공의 상징인 고급 자동차 운전석에 있는 여성을 묘사한 자화상에서 렘피카가 입은 중성적인 의상의 천 가장자리는 지나치게 날카롭고 반짝여서 금속 차체와 구별하기가 어려울 정도다. 작품을 그리기 1년 전, 렘피카는 남편과 이혼했다. 이 그림은 예술가의 자급자족

메생가 7번지에 위치한 타마라 드 렘피카의 자택 겸 작업실, 1930년경.

과 새로 얻은 자유에 대한 선언이기도 하다. 프랑스 영화사 파 테Pathé에서 제작한 '여성 생활Actualités féminines' 시리즈의 일부로 상연된 영화 〈현대적이고 아름다운 작업실Un bel atelier moderne〉 에서 렘피카는 자신의 화려한 공간을 공개하며 해방된 현대 여 성의 신격화된 모습을 보여 준다.

사실 렘피카에게는 부가티 자동차가 없었다. 그녀의 차는 작 은 노란색 르노였는데, 그마저도 렘피카가 친구들과 파리 몽파

르나스에 위치한 카페 드 라 로통드Café de la Rotonde에서 시간을 보내고 있는 동안 도난당했다. 부가티 모델 43과 46의 운전석은 실제로는 오른쪽에 있었지만, 렘피카의 초상화에서는 왼쪽에 있는 것으로 그려졌다. 렘피카는 초록색 부가티가 더 미적으로 아름다우며 엘리트적인 느낌을 풍긴다고 생각했기 때문에, 자신이 실제로 타고 다닌 노란색 르노가 아닌 초록색 부가티를 그려 넣었다.

이 그림은 1920년대 후반부터 사회적 삶에서 자동차가 갖기 시작한 지배력을 반영하며, 운전이 우리의 시각과 청각에 끼치는 정서적·지각적인 영향을 보여 준다. 이 시기 그림에 부가티가 그려졌다고 해서 이런 자동차가 이 시대에 전형적이었다는 뜻은 아니다. 오히려 그 반대이다. 통계적 연구로 이 그림을 독해한다면, 이 시기 관람객 대다수에게 부가티를 비롯한 모든 자동차는 현대화가 지체된 한 사회의 욕망 또는 페티시의 대상이었다.

프랑스 출신의 공업디자이너 레몽 로이Raymond Loewy(1893~1986)는 "추한 것은 팔리지 않는다"라고 말했다. 미국 공업디자인의 창시자 중 한 명인 로이는 대공황 이후 소비가 급격히 줄면서, 미학적으로 눈길을 끌고 인체공학적으로 디자인된 상품

Bugatti Type 43 Grand Sport.

만이 불황을 견뎌 낸다는 것을 확인했다. 규모가 큰 산업디자
인 회사가 생겨났고, 이 회사들은 강력한 수상비행기나 로켓을
연상시키는 새로운 디자인을 고안하기 시작했다. 그리하여 공
기역학을 고려한 '유선형' 디자인이 고안되었다. 유선형 디자인
은 금형, 판금, 합성수지의 사출성형 등 신기술을 적용하기에
유용하다는 이점이 있어 각 제조 분야로 널리 확산되었다. 로이
의 사무실은 알루미늄 주형을 이용한 연필깎이 모델(1933)을 만

들고 유명 자동차 메이커 '스튜어드 베이커'의 자동차를 디자인 (1938~1962)하는가 하면, 앙리 드레퓌스 디자인 사무실에서는 '20 세기'사의 엔진(1938)을 디자인했다. 유선형 디자인은 대량생산 제품에 미적인 요소를 고려해 시장성을 높이는 데 주안점을 두었다. 1930년대 미국에서는 기술혁명이 경제적인 여유와 행복을 보장하고, 기계가 1930년대의 상징이 될 것처럼 여겨졌다.[1]

자동차는 속도와 미학을 고려한 유선형 디자인이 가장 잘 반영된 물품으로, 렘피카의 작품은 소비 욕망의 회화적 대상으로서 자동차에 대한 집착을 잘 드러내 준다. 초록색 부가티는 자동차 모빌리티에 대한 '상상'을 담아내고 있는데, 현실적으로 체험된 경험으로서의 상상이라기보다는 상당 부분 이미 자화상으로 매개된 이데올로기적 상상이다. 더 구체적으로는, 자동차 모빌리티 산업과 여성주의적 사고의 상호 영향으로 생산된 상상이다. 여기서 운전은 여러 서사 단계의 막간이 아니라, 1930년대가 추구하던 새로운 여성이 꿈꾸는 인생 자체의 동기이자 목표라고 할 수 있다.

제1차 세계대전 시기 전선으로 간 남성 노동력을 대신하여

---

1 디디에 오탱제르, 앞의 책, 51쪽.

여성들은 사회생활을 시작하며 새로운 삶을 살게 되었다. 신여성이라는 개념이 등장했고, 대중매체가 적극적으로 노출시킨 플래퍼Flapper의 모습이 많은 여성들의 선망의 대상이 되었다. 짧은 치마를 입고 담배를 입에 문 채 재즈음악에 맞추어 몸을 흔드는, 자유분방한 사고의 여성들. 1922년 잡지《플래퍼》의 창간으로 플래퍼 붐은 더욱 가속화되었다. 1920년대의 평평한 정사각형 드레스는 새로운 여성을 표현하는 데 이상적이었다. 스커트가 짧아지면서 전통적인 여성의 실루엣은 사라지고, 모든 것은 '중성적'이 되었다. 허리선은 엉덩이까지 떨어져서 1930년대까지 원래 위치로 돌아오지 않았다. 나일론, 새틴, 실크 및 크레이프는 드레스를 만드는 데 가장 많이 사용된 재료였다. 관 모양의 짧은 드레스, 긴 담배 홀더, 종 모양의 클로슈 모자, 단발머리, 뽑아서 아치형으로 정리한 눈썹, 다이아몬드 팔찌 밴드와 길게 매달린 귀걸이가 사랑 받았다. 보호자 없이 파티에 가고 담배를 피우고 자동차를 운전하는 젊은 여성, 바야흐로 플래퍼의 시대였다. 렘피카는 이 새로운 여성의 이미지를 자신의 것으로 만들었다.

렘피카가 추구한 빠른 속도와 화려한 라이프스타일은 그녀가 그림에서 찬미한 양식화된 아르데코Art Deco풍 주제에 완벽

〈현대장식미술·산업미술 국제박람회〉 포스터, 1925년.

하게 들어맞았다. 아르데코는 1920~1930년대에 유럽과 미국에서 유행한 미술양식과 장식미술을 두루 가리키는 명칭이다. 1925년 파리에서 열린 〈현대장식미술, 산업미술 국제박람회 Exposition internationale des arts décoratifs et industriels modernes〉의 약칭에서 유래된 명칭이어서 '1925년 양식'이라고도 불린다. 당시 본격적으로 도래한 기계 및 공업문명과 결합하여 직선미와 실용미를 강조하고, 반복되는 패턴 및 기하학적 문양을 선호한 것이 특징이다. 아르데코는 날렵한 형태, 단순화된 선, 지그재그, 직각, 원 등 기하학적 모티프, 대담한 컬러 등 기계 시대 재질과 공예 모티프 장식을 절충했다. 이국적인 색채와 기하학적 모티프를 두루 사용하였고, 이전 시대에는 잘 사용하지 않던 플라스틱, 콘크리트, 테라코타, 알루미늄, 스테인리스 스틸, 크롬 같은 신소재를 적극 활용하여 새로운 시대에 걸맞는 미학을 보여 주었다. 1920년대 중반부터 제2차 세계대전 직전까지 미술, 건축양식 및 가구 디자인과 장신구 디자인 분야에서 크게 유행한 아르데코는 입체주의의 기하학적 패턴, 구조주의의 기계적인 형태, 미래주의의 속도 등에서 영향을 받았다.

아르데코는 최초의 국제 양식이라고 불릴 만큼 시차 없이 전 세계로 퍼져 나갔다. 산업화된 현대 도시 풍경과 그것이 보여

1931년 크라이슬러 빌딩.

주는 위압적인 화려함을 나타내기에 적합한 양식이었던 만큼, 당시 떠오르는 신흥 공업국이었던 미국의 대도시에서 크게 유행했으며, 이후 경제성과 효율성에 중점을 둔 미국 특유의 상업디자인이 탄생하는 데 영향을 주기도 했다.

아르데코는 단순한 형식, 깨끗한 선과 생생한 색상을 기반으로 미술 및 산업디자인의 발전에 기여했다. 특히 자동차, 선박 및 기차와 같은 산업 제품의 기술 향상은 양식화된 각 형태를 강조했다. 여성 잡지의 표지 디자인에서부터 백화점의 살롱과 카운터, 할리우드 영화의 세트에 이르기까지 아르데코 스타일은 현대성과 우아함을 마케팅하는 데 두루 사용되었다. 패션 일러스트레이터 에르테Erté(1892~1990), 유리 아티스트 르네 랄리크René Lalique(1860~1945), 그래픽디자이너 카상드르Cassandre(1901~1968)와 영향을 주고받았던 렘피카는 부유한 고객들에게 초상화를 그려 주며 많은 부와 유명세를 누렸고, 자유분방하고 독립적인 태도로 거침없이 이곳저곳을 누비며 살았다.

하지만 당시 렘피카를 비롯한 여성 모빌리티의 증가를 모든 사회 구성원이 환영한 것은 아니다. 오히려 여성이라는 성적 특질에 대한 통제할 수 없는 잠재적인 분노가 사회 전반에 일어났으며, 가족과 사회적 가치를 파괴할 것이라는 두려움이 퍼졌다. 〈초록색 부가티를 탄 자화상〉의 의의는 운전이라는 행위의 재현에서 여성이 자동차, 도로, 운전 경험과 맺는 관계를 바라보는 시각을 넓힌 데 있다. 렘피카가 던진 '누가 운전대를 잡는가?'의 문제는 정체성, 욕망, 쾌감에 대한 복합적인 질문을 탐색할 가능성을 보여 주며 당시 문화 내에서 운전 경험이 지닌 독특한 특질들을 드러낸다.

자유와 운전을 동일시하는 것은 새롭지 않다. 운전은 모든

Matthew Cruickshank, 타마라 드 렘피카 기념 구글 배너 이미지.

것을 뒤로하고 떠나는 일이다. 공적인 관계뿐 아니라 사적인 역사까지 남기고 떠남을 의미한다. 1920년대가 1930년대로 넘어가고, 온 세계가 느리지만 서서히 제2차 세계대전으로 달려가면서 렘피카가 묘사한 화려한 과잉의 세계는 곧 엄청난 고통을 겪게 된다. 어떤 의미에서 이 유명한 자화상은 허구다. 렘피카가 실제로 타고 다닌 자동차는 부가티가 아닌 부와 매력적인 이미지를 연출하기 위해 개조한 작은 르노였고, 그녀가 속도를 내며 향하던 화려한 미래는 파괴적인 비극이 일어나기 직전의 마지막 불꽃이었다.

한 사람의 삶과 과거, 상상된 미래가 비추는 순간을 담은 렘피
카의 그림 속, 모빌리티는 자유다.

8
모빌리티는 흐름이다

라울 뒤피Raoul Dufy (프랑스, 1871~1953), 〈전기의 요정 La Fée Électricité〉, 1937, 1,000×6,000, Musée d'art moderne, Paris.

네온사인을 비롯한 다양한 빛으로 도시는 찬란하게 빛나고, 발전소와 엔진이 승리의 상징처럼 서 있다. 라울 뒤피가 동생 장 뒤피의 도움을 받아 10개월에 걸쳐 제작한 이 초대형 작품의 크기는 가로 60미터에 세로 10미터로, 250개 합판 패널로 구성된 세계에서 가장 큰 유화 중 하나이다. 경쾌하고 가벼운 색채와 선의 리듬은 전기를 발명한 과학기술의 발전 과정을 보여주고, 근대 과학기술에 경의를 표한다. 중앙에는 전기의 요정이 빛을 발하며 날아가고, 그 아래는 전기의 영광을 기리는 오케스트라 단원들이 표현되어 있다. 뒤피는 작품 속에 전기와 관련하여 인류에 공헌한 역사적인 인물 100여 명을 그려 넣었다. 아리스토텔레스에서부터 발전기를 발명한 그람을 비롯해, 레오나르도 다 빈치, 베르누이, 와트, 퀴리 부인, 에디슨, 벨 등을 찾아볼 수 있다.

전신 기술의 발달은 19세기 전반기를 거치면서 서서히, 그러나 지속적으로 이루어졌다. 처음에는 전기신호를 보내는 과학적 원리가 탐구되었고, 1830년대부터는 기술의 상용화가 추진되었다. 전신은 서유럽과 북미에서 철도가 부설되면서 주목을 받았는데, 주로 철로를 따라 전신주를 세우고 이 전신주들을 케이블로 잇는 방식으로 부설되었다.

철도가 단선으로 놓이던 시절이라 기차의 통행을 안전하게 제어하려면 전신으로 연락을 취하는 것이 필수적이었다. 전신은 교통으로부터 통신이 분리됨을 의미했다. 먼저 서구 국가들을 중심으로 전신케이블이 깔렸고 점차 확대되었다. 시대적 변화를 감지한 기업가들과 세계제국 건설을 의도한 정치가들은 이제 지구 전체를 전신망으로 연결하는 꿈을 키웠다.[1]

일종의 메시아적 발상을 담고 있는 〈전기의 요정〉은 1937년 파리에서 열린 만국박람회를 위해 특별히 주문 제작된 작품으

---

1 송병건, 《세계화의 풍경들》, 아트북스, 2017, 237쪽.

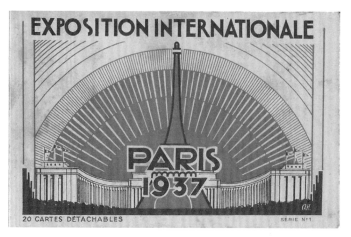

〈현대 생활의 응용 기술과 예술 만국박람회〉 포스터.

로, 1930년대 산업기술의 발달을 둘러싼 정치적인 전략과 민족주의적인 시각 등 여러 면모를 담고 있다. 파리 만국박람회 구상의 윤곽이 드러난 것은 저 유명한 '암흑의 목요일'(1929년 10월 24일 미국 증권시장이 붕괴한 날로, 이후 10년간 이어지는 세계 대공황을 촉발하는 계기가 되었다) 이후 얼마 지나지 않았을 때였다. 대공황으로 인해 자국 경제의 원동력인 예술 분야가 엄청난 타격을 입자, 프랑스는 1925년 박람회에서처럼 프랑스 예술이 건재함을 전 세계에 확인시키려 했다. 1937년 파리 만국박람회에서 프랑스는 사치재적 성격을 띤 수공예 생산을 후원하는 동시에, 예술과 공업의 결합을 장려했다. 뒤피의 〈전기의 요정〉은 그 좋은 예로, 이 작품은 위기에 봉착한 프랑스를 구할 방책으로 기술적인 발전을 제시했다.[2]

당시 정권을 잡은 인민전선Front Populaire은 '국민 단결 · 사회 진보 · 문화 중진'이라는 강령 아래 공화주의적 논리를 시각화했다.

〈현대 생활의 응용 기술과 예술 만국박람회〉는 인민전선의 두 가지 목적, 즉 예술과 프랑스 사치품 산업을 발전시키고, 과학적 교습법을 도입하고자 하는 의도를 구체화하고 있다. 이는 뒤피가 〈전기의 요정〉을 통해 찬미하는 열망이기도 하다. 페르낭 레제, 로베르 들로네 등 여러 예술가와 마찬가지로 뒤피는 1937년 파리 박람회를 위해 거대한 프레스코화 제작을 위임받았다. 구체적으로는 샹 드 마르스Champs de Mars에 로베르 말레 스테벵스Robert Mallet-Stevens(1886~1945)가 세운 '빛과 전기의 관Pavillon de la Lumière et de l'Électricité' 입구에 약간 구부러진 벽을 채우는 것이었다. 파리 전력공사의 요청에 따라 뒤피는 19세기

2　디디에 오탱제르, 앞의 책, 13쪽.

의 복고적인 양식으로, 자연과 기술의 화합을 찬양하면서 전기 역사의 주역들을 표현했다. 뒤피는 파리 전력공사가 제공한 지침을 따르면서, 무엇보다도 고대 로마의 시인 루크레티우스의 〈사물의 본성에 관하여De rerum natura〉에서 영감을 받아 전기의 요정 이야기를 전했다.

642제곱미터에 걸친 이 거대한 구성은 오른쪽에서부터 왼쪽으로 전기의 역사와 그 활용이라는 두 가지 주요 주제를 펼쳐 보인다. 신들의 세계에서부터 가장 현대적인 기술의 활용에 이르기까지 전기 기술의 발전을 담은 이 작품의 윗부분은 화가가 좋아하는 주제인 범선, 구름, 7월 14일 혁명기념일 무도회 등 변화하는 풍경으로 이루어져 있고, 아래쪽 절반은 전기 발전에 기여한 100명의 과학자와 발명가의 초상화로 가득 차 있다. 화면 중앙에는 제우스의 번개로 연결된 발전소 발전기와 함께 원시 자연과 건축, 일상적인 노동에 종사하는 사람들과 현대적 기계 등 신화와 우화, 역사와 기술이 환상적으로 혼합되어 있다. 중앙 바로 왼쪽에서는 신들의 사자이자 엘렉트라의 딸인 이리스가 축하 음악을 연주하는 오케스트라와 세계의 주요 수도 위를 날아 무지개의 모든 빛깔을 퍼뜨린다.

화면의 구성은 오른쪽에서 왼쪽으로 연대순으로 전개되며,

라울 뒤피, 〈전기의 요정〉 세부.

과거의 획득과 현재의 생산, 그리고 미래의 정복으로 연결되어 있다. 중앙에는 올림포스의 신들이 왕좌에 앉아 있고, 기계들 위로는 거대한 섬광이 일고 있다. 그 아래쪽에는 선별된 110인의 학자들이 위치하고 있고, 위편 오른쪽에는 자연과 과학기술의 힘이 대비되어 있으며, 왼편에는 불꽃과 빛의 다발이 심포니 오케스트라를 비춘다. 오케스트라가 연주하는 음악은 라디오를 통해 전파된다. 이 대서사시는 세계의 주요 도시들과 파리를 연결시키며 날아다니는 요정의 우의적인 환영과 함께 왼편 패널에서 끝이 난다.

화가가 이전에 이토록 큰 규모의 작품을 제작해 본 적이 없다는 점을 감안할 때, 뒤피가 주문자가 요청한 제작 기일과 요구 사항에 맞춰 작품을 완성했다는 것 자체가 진정한 도전이라고 할 만하다. 이 도전 과제를 해결하기 위해 뒤피는 과학기술과 전력 실험과 발견, 비트리 쉬르 센느Vitry-sur-Seine 전기발전소에 관한 풍부한 문서 자료들과 학자들의 초상화 및 전기傳記들을 수집했다. 또한 아틀리에에 배우들을 데려다 자세를 취하게 하고, 고전적인 전통에 따라 먼저 누드 데생을 하고 나서 그들에게 시대 의상을 입혀 인물화를 완성했다. 10개월이라는 짧은 제작 기간을 준수하고자 뒤피는 화학기술자이자 화가인 자크 마로제

라울 뒤피, 〈전기의 요정〉 세부.

라울 뒤피, 〈전기의 요정〉 세부.

Jacques Maroger(1884~1962)가 개발한 새로운 용제를 사용했다. 마로제가 발명한 이 용제는 접착력이 뛰어나 회화 재료를 겹쳐 칠하기가 용이하고, 서늘한 곳에서의 반복 작업이 가능하며, 수채 물감에 견줄 만한 색채의 투명도를 보장했다. 1937년 1월 17일, 뒤피는 총 250점의 패널 작업에 착수한다. 각각의 패널 위로 선묘로 된 슬라이드 음화들을 환등기로 비추고, 원하는 초점거리에서 확대된 이미지들을 특수 잉크로 복사한 다음에 착색하는 방식으로 이 과업을 완수하였다. 흔히 뒤피의 작품은 밝은 색채와 가벼운 수채화 기법을 통해 누구나 이해하기 쉬운 예쁜 그림으로 받아들여지지만, 가볍게 평가되는 그의 화풍은 작가의 긴 성찰 후에 독자적으로 만들어진 성과임을 알 수 있다.

석판화로 표현된 〈전기의 요정〉은 1952년 제26회 베네치아 비엔날레에서 회화 부문 대상에 선정되었으나, 뒤피는 이듬해 열린 시상식에 참석하지 못하고 1953년 생을 마감했다. 이 거대한 프레스코 화는 전력공사에 의해 파리 시립 근대미술관에 기증되어, 1964년에 그 위용을 뽐내며 설치되었다.

뒤피의 작품 세계를 풍요롭게 만든 것은 그가 평생 동안 추구한 도전 정신과 융합적인 태도라고 할 수 있다. 약 3천 점의 그림과 6천 점의 대형 수채화, 6천 점의 드로잉, 목판화, 석판화,

태피스트리, 직물 등 뒤피는 끊임없이 새로운 것을 시도했다. 19세기 말 인상주의 미술부터 20세기 중반에 이르는 다양한 미술 경향을 두루 섭렵하며 독자적인 예술 세계를 구축한 뒤피는, 고향 르 아브르Le Havre 시립 미술학교 야간부에서 미술을 공부하다가 1900년 파리에 있는 국립미술학교에 입학하여 본격적으로 미술 공부를 시작했다. 1905년 마티스의 〈사치, 평온, 쾌락〉을 보고 큰 영향을 받아 야수주의에 가담하게 되었고, 이후에는 회화 외에 판화, 직물 패턴 디자인, 삽화, 무대 디자인 등으로 활동 분야를 넓혀 갔다. 1911년 무렵에는 장식미술 분야에도 진출, 패션 디자이너 폴 푸아레Paul Poiret와 함께 직물 인쇄 및 장식 회사인 '라 프티트 위진La Petite Usine'을 설립하기도 했다. 1년 후 뒤피는 리옹의 실크 공장에 취직하여 그가 좋아하는 주제인 동물, 새, 꽃, 나비 등의 모티프로 다양한 문양을 디자인했다. 1923년부터 카탈로니아의 도예가 아르티가스Artigas와 함께 도자기 작업을 하고, 국립 보배 타피스트리 공방Manufacture de Beauvais에서 파리를 주제로 실내장식용 직물 도안을 제작하기도 했다.

뒤피는 평소에 여행을 즐겼다. 베니스, 피렌체, 로마, 나폴리, 시칠리아 등 이탈리아를 주유하고 모로코와 스페인을 발견했다. 프라도 미술관에서 티치아노의 그림에 감탄하기도 하고,

라울 뒤피, 〈작은 깃발을 단 배들Bateaux pavoisés〉, 1946, 10.5×33, 개인 소장.

벨기에와 영국을 돌아보았다. 아내와 함께 1925년부터 1929년
까지 프랑스 니스에 머물며 행락지, 경마장, 요트 레이스, 음악
회 같은 친밀감 있는 주제를 경쾌한 붓놀림으로 선보이기도 했
다. 그가 특히 중요하게 생각한 소재는 바다와 음악으로, 이 둘
은 뒤피의 작품 세계에서 언제나 중심을 차지했다. 노르망디

지역의 항구도시 출신인 뒤피는 노르망디와 지중해 연안의 항구도시와 바다를 즐겨 그렸다. 이 바다들은 프랑스가 막대한 부와 평화를 누린 19세기 말과 20세기 초, 흔히 '벨 에포크belle époque'라 부르는 시기를 표현하는 무대가 되었다.

대서양에서 요트 경기를 구경하는 부르주아들의 한가로운 모습을 담은 〈요트들〉(1907~1908)이나 넓은 바다 위에서 거침없이 나아가는 배를 그린 〈작은 깃발을 단 배들〉(1946), 〈검은 화물선〉(1949~1950) 등은 진보에 대한 찬가에 다름 아니다. 뒤피가 노래하는 인생의 기쁨은 산업화가 가져온 여유와 긴밀하게 연결되어 있기 때문이다. 경쾌하고 감각적인 대담한 색채와 단순하고 장식적인 선을 사용하여 현실과 환상을 통합한 뒤피의 그림 속에서 다양한 세계는 자연스럽게 한데 섞여 모인다. 각자의 특성이 확고하여 따로 존재할 수밖에 없다고 생각되던 것들이 통념의 벽을 넘어 하나의 울림으로 다가오는 모습은 뒤피가 음악 주제에서 자주 선보인 오케스트라에서 각 악기가 고유의 음색을 내면서도 교향곡의 화음에 동참하는 원리에 비유될 수 있다.[3]

---

3 김영아, 〈라울 뒤피의 작품에 나타난 통합의 세계〉, 이화여자대학교 대학원 미술사학과 석사학

신화와 역사, 우화와 일상, 자연과 기술 등 상이한 세계들은 모호해지고 흐릿해진 경계를 넘나들며 삶의 외면적 요소와 내면적 요소로 환원되어 함께 흘러간다.

끊임없이 흘러가는 삶의 아름다움과 낙관주의를 지향한 뒤피의 그림 속, 모빌리티는 흐름이다.

위 논문, 2001, 72쪽.

9

모빌리티는 고독이다

에드워드 호퍼Edward Hopper(미국, 1882~1967), 〈좌석 차Chair Car〉,
1965, 101.6×127, 개인 소장.

에드워드 호퍼는 1965년 〈좌석 차〉를 그렸다. 사실주의 장르의 화가로서 그의 그림은 매우 평범한 실생활을 묘사한다. 이 그림도 그러한 그림 중 하나다. 전형적인 미국식 좌석 차 안에 네 사람이 앉아 있다. 그러나 이 그림은 전혀 현실적이지 않다. 승객 네 명이 각자의 일에 몰두하고 있다. 한 사람은 책을 읽고 있고, 다른 사람은 책 읽는 사람을 쳐다보고 있다. 또 한 사람의 머리는 오른쪽으로, 다른 사람의 머리는 왼쪽으로 기울어져 있다. 각자의 내면에 몰두하고 있는 모습이다. 그림의 전경에는 두 명의 여성이 있다. 한 여성은 분명히 무언가를 읽고 있지만, 그것이 책인지 신문인지 확실하지 않다. 두 번째 여성은 객차 내부를 바라보고 있는 것 같다. 그녀는 무슨 생각을 하고 있을까? 건너편 여성이 뭘 읽고 있는지 보고 있는 걸까? 의도와 생각이 명확하게 드러나지 않지만, 그녀의 표정과 자세는 그녀가 다소 불안하고 행복하지 않음을 말해 준다. 그림의 원경에는 또 다른 두 사람이 앉아 있지만, 그들의 얼굴은 보이지 않고 지금 어떤 감정을 느끼고 있는지도 전혀 가늠할 수 없다.

별다른 장식 없는 단순한 공간에 들어오는 유일한 빛은 그림 오른쪽 창문에서 들어온다. 창밖으로는 기차의 움직임을 암시하는 어떤 것도 보이지 않는다. 오직 창을 통해 빛이 들어올 뿐이다. 빛은 관객을 문 쪽으로 이끌지만, 오히려 그림을 절대적인 현재 속에 가두며 정지시킨다.[1]

닫힌 소실점을 통해 우리는 불안, 외로움, 적대감 따위의 감정을 느낀다. 이러한 감정은 닫힌 환경과 공간 내의 네 사람이 각자 그들의 세계에서 길을 잃은 것 같은 분위기에서 기인한다. 고립은 그림의 중심 주제처럼 보인다. 네 사람은 각기 고립

---

1 마크 스트랜드, 《빈방의 빛》, 박상미 옮김, 한길사, 2016, 69쪽.

되어 있고, 그들이 처한 현실과도 고립되어 있다.

혼히 호퍼의 그림을 두고 20세기 초 미국인들이 겪은 삶의 변화에서 비롯된 만족감과 불안감을 보여 준다고 평한다. 호퍼의 그림을 문학적으로 비평한 시인 마크 스트랜드는, 호퍼의 그림이 현실이 드러내는 모습을 넘어서는 어떤 것, 어떤 '감각'이 지배하는 가상공간에 관객을 위치시킨다고 말한 바 있다.[2]

호퍼는 건조한 눈길로 대도시의 빛과 표정을 탐구하며 고독이 뚝뚝 묻어나는 사람들을 무표정한 비개성적 마네킹처럼 묘사했다.

너무나 익숙한 도시 공간 속 우리의 모습은 낯설다. 호퍼의 작품 속에 우리도 모르는 새에 우리 내부로 스며들어 있는 대도시의 모빌리티가 주로 등장하는 것은 결코 우연이 아니다. 골드러시와 더불어 미서부가 광대한 경제구역으로 변모해 가자, 서부와 동부를 잇는 거대한 철도망이 건설되기 시작했다. '철도의 시대'는 남북전쟁 중이던 1862년, 의회가 유니언퍼시픽 철도회사와 센트럴퍼시픽 회사에 설립 인가를 내주면서 시작되었다. 유니언퍼시픽 철도회사는 서쪽 방향으로, 센트럴퍼시픽 철도회

---

2 마크 스트랜드, 앞의 책, 14쪽.

사는 동쪽 방향으로 각각 철도를 건설하기 시작했다. 철도의 시대와 더불어 미국은 본격적인 산업화의 길을 가게 된다. 1930년대 대공황과 제2차 세계대전을 겪으면서 큰 혼란에 휩싸인 유럽과 달리, 대서양 건너 미국은 대공황을 극복하고 경제성장을 이룸으로써 중산층이 확대됐다. 미국은 고속도로와 기차 같은 대중교통수단으로 전국을 연결했다. 철도 근처에 19세기 빅토리아풍 집들이 들어섰고, 호퍼는 전국을 이동하는 사람들의 생활을 주제로 그들이 기차를 타고 호텔에 머무는 모습을 담았다.

1859년 펜실베이니아의 타이터빌에서 최초로 유전이 발견되었다. 석유의 가능성을 알아본 존 록펠러는 이 사업에 뛰어들었고, 1870년 마침내 '스탠더드 오일'이 창설되었다. 록펠러가 1882년 창업한 미국 최초의 트러스트 기업 스탠더드 오일은 도로망이 건설되면서 미 전역에 자리 잡게 되었다. 미국의 팝 아티스트 에드 루샤Ed Ruscha, b.(1937)는 1960년대 미국 자본주의를 가장 잘 보여 주는 풍경으로 스탠더드 오일 주유소를 꼽은 바 있다.[3]

마치 누구라도 빨아들일 것처럼 숨을 죽이고 기다리고 있는

---

3 이진숙, 앞의 책, 229~230쪽.

Standard Oil 주유소의 오래된 간판.

빽빽한 숲을 배경으로 홀로 주유기 앞에 서 있는 남자의 모습을 그린 〈주유소〉(1940) 한쪽에는 진입로와 주유 펌프가 있고, 다른 쪽에는 하얀 판자 건물이 있다. '모빌가스Mobilgas'라고 씌어진 불 켜진 간판에 그려진 날개 달린 빨간 말은 날아오르듯 미 대륙을 종횡무진하는 새로운 시대의 모빌리티를 환기시키지만, 막상 그림 속에는 자동차가 등장하지 않아 움직이기 위해 멈추어 있는 상태의 모순을 보여 준다. 이렇듯 호퍼의 작품은 우리를 나아가게 하는 동시에 머무르게 하는 두 개의 상반된 명령어가 끊임없이 긴장감을 자아낸다.

〈철길 옆의 집〉(1925)은 〈밤 올빼미〉와 더불어 가장 유명한

에드워드 호퍼, 〈주유소Gas〉, 1940, 66.7×102.2, Museum of Modern Art, New York.

호퍼의 그림이다. 기차로 여행하다가 한 번쯤은 지나쳤을 법한, 외딴 집이 있는 풍경이다. 이 그림에서 철길과 집은 유난히 가까운데, 집은 제자리를 잃은 것처럼 보이기도 하고, 침착하게 위엄을 갖춘 것처럼 보이기도 한다. 다른 시대의 유물인 양

에드워드 호퍼, 〈철길 옆의 집House by the Railroad〉, 1925, 61×73.7, Museum of
Modern Art, New York.

에드워드 호퍼, 〈밤 올빼미The Nighthawks〉, 1942, 84×152, Art Institut of Chicago,
Chicago.

혼자 우뚝 서 있는 이 집은 알 수 없는 역사를 간직하며 급격한 산업 발달로 달라진 풍경을 증언한다. 늦은 오후의 빛이 철도 선로로 가려진 빅토리아 시대의 웅장한 집과 철도를 비춘다. 철길은 텅 빈 풍경 속에 고립된 집에 대한 접근을 차단하는 것처럼 보이는 시각적 장벽을 만든다. 집과 철로의 병치는 20세기 초 미국의 전통적인 고정성과 이동성 간의 대립으로 해석될 수 있다. 동시에 호퍼 작품의 특징이라고 할 수 있는 조용하면서도 차분한 분위기를 자아낸다.

이 그림은 아내와 함께 자동차를 타고 미국 전역을 여행하던 호퍼가 그린 풍경화 중 하나로, 그의 이름을 세상에 알린 출세작이다. 녹슨 철로 옆에 홀로 서 있는 옛 시대풍의 집은 미국인들에게 산업화되기 이전의 '순수했던 지난 세기'에 대한 향수를 자극했다. 한때 많은 사람들이 행복하게 함께 살았을 이 집은 이제 여행자의 발길조차 뜸한 고립된 공간으로 전락했다. 알프레드 히티콕의 영화 〈싸이코〉(1960)에도 사막처럼 고립된 곳에 위치한 지나치게 큰 집이 등장한다. 2층의 열린 창문을 보면 사람이 사는 것 같지만 오랜 세월 버려진 것 같기도 한 이 집에 세상에서 고립된 채 창문을 통해 바깥을 흘낏거리는 청년 노먼이 산다.

호퍼는 면밀히 관찰된 도시 전망과 풍경(주로 뉴잉글랜드), 공간의 내부 장면을 그렸다. 인물은 아주 드물게 등장하거나 완전히 배제되었다. 그는 자신의 그림이 현실 세계를 직접적으로 표현했다고 주장했지만, 그의 그림은 외로움과 소원, 고요함, 신비에 대한 감각으로 가득 차 있고, 이런 분위기를 만드는 주된 요인은 자연적 혹은 인공적 빛이다.

모빌리티가 발달하고 공업화와 산업화가 일반화되자 대도시는 회사원들로 넘쳐났다. 호퍼는 대량 공급된 주택, 아파트, 기차, 카페, 극장, 사무실 등을 통해 현대 대중사회의 특징을 담았다. 〈밤의 사무실〉(1940)이나 〈밤 올빼미〉(1942)는 멀리서 영화를 찍듯이 이런 모습을 담았다. 당시 대부분의 화가들이 사실적인 그림에 회의를 느끼고 새로운 회화 형태인 입체파와 추상표현주의에 열광하던 것과는 정반대의 행보라고 할 수 있다. 호퍼는 사실주의적인 묘사를 고수했고, 이러한 사실주의적 묘사는 오히려 현실을 비현실적으로 여겨지게 한다.

호퍼의 그림은 짧고 고립된 순간의 표현이다. 호퍼의 그림 속 인물들은 배역을 상실한 배우처럼 기다림의 공간 속에 홀로 갇힌 존재들이다. 그들에겐 특별히 가야 할 곳도, 미래도 없다. 세계와의 관계 방식이자 교류 방식이기도 한 모빌리티는 혼자

만을 위한 경험인 것이다.

1950년에 발표한《고독한 군중The Lonely Crowd》에서 미국의 사회학자 데이비드 리스먼은 미국인은 소속된 집단에서 소외될까 봐 늘 불안해하며 타인의 생각과 행동에 신경을 쓰는 타인지향적인 특징을 보인다고 분석했다. 내면으로는 고립감과 갈등을 느껴 고독한 군중이 되고, 1940년대 말부터 보급된 TV는 대공황 등 혼란을 경험한 세대의 타인지향적인 성향을 더욱 부추겼다고 지적했다.[4]

호퍼는 도시의 특징인 익명성을 독특한 방법으로 표현했다. 멀리서 관찰해 거리감을 느끼게 하는 화법이다. 그림 속 인물과 감상자는 낯선 관계를 형성하여 바로 익명성을 취한다. 대부분의 인물은 정면을 응시하지 않고, 시선은 공간 속을 비껴간다. 이러한 시선의 거리까지 더해져 고독한 군중 묘사는 효과를 얻는다. 호퍼는 도시인의 고독감을 표현하기 위해 인물의 동작을 모두 정지시켰다.

호퍼의 그림에서 느껴지는 엄청난 부동감의 순간은 결국 우리의 것이다. 〈펜실베이니아의 새벽〉에서 기차와 철도는 움직

---

4 《중앙일보》웹사이트. https://news.joins.com/article/23356050 (2020.10.16)

에드워드 호퍼, 〈펜실베이니아의 새벽Dawn in Pennsylvania〉, 1942, 61.9×112.4 , Terra Foundation, Chicago.

임을 암시하지만, 이는 곧 사다리꼴이 에워싸고 있는 공간의 깊이감에 압도되고 만다. 철도 이동이라는 동적인 행위와 이보다 더 강력한 부동감이 존재하는 것이다. 모빌리티는 어쩌면 완벽하게 중간적인transitional 순간의 연속 상태일지도 모른다. 부동과 정적의 몽상적인 조화로 마술적인 순간이 길게 늘어난다.

인간이 호퍼의 도시 풍경의 일부인 것처럼 산업 기술 역시 그의 풍경의 일부다. 황량한 도시 풍경과 고립된 인물, 호퍼는 타인과 함께 있을 때 더욱 커지는 고립감을 통해 현대 생활의 외로움과 소외감을 포착했다. 호퍼는 20세기 전반의 많은 예술가들과 대도시에 대한 주요 주제를 공유한다. 그러나 호퍼의 접근 방식은 동시대 유럽 모더니스트들의 접근 방식과는 완전히 다르다. 모더니스트들이 초고층 도시의 새로움을 강조하는 경향을 보였다면, 호퍼는 도시가 사람에 의해 만들어지고 사람들을 위한 공간이라는 것을 잘 알고 있는 듯하다. 호퍼의 그림 속에는 군중이 없다. 그의 그림 속 인물들은 항상 군중의 일원 이상이다. 호퍼의 그림 속에서 공간적인 것과 서사적인 것은 균형을 이루고, 둘 중 하나가 전체를 지배하는 일은 일어나지 않는다. 희극적인 정서와 쓸쓸한 정서의 모호한 결합 덕에 우리는 호퍼의 그림 속 인물들의 내면을 들여다볼 수 있고, 그들에게 공감하며 쉼을 얻는다.

현대적 삶의 고립과 공허함을 담은 호퍼의 그림 속, 모빌리티는 고독이다.

10

모빌리티는 충격이다

로이 리히텐슈타인Roy Lichtenstein(미국, 1923~1997), 〈꽝Whaam!!〉(1963).

만화책의 한 페이지를 보는 것 같은 커다란 두 개의 캔버스 중 왼쪽 캔버스에서 전투기 한 대가 오른쪽 캔버스를 향해 미사일을 발사하며 적으로 보이는 비행기를 타격하고 있다. 전투기 위 노란색 말풍선 안에 조종사의 대사가 보인다. "사격 통제를 눌렀습니다… 하늘을 향해 날아간 미사일이 제 앞에 있습니다…." 폭발의 윤곽은 노란색과 빨간색, 흰색으로 표현되었다. 작품의 제목인 '꽝!'은 마치 조종사의 말에 시각적인 반응을 보이는 것처럼 대각선으로 꺾여 불덩어리를 향하고 있다. '꽝!'이라는 단어는 그림의 동세動勢와 시각적 효과에 필수적인 요소로, 두 패널을 시간적·공간적·심리적으로 하나로 합친다.

리히텐슈타인은 추상표현주의에서 출발하여 앨런 캐프로Allan Kaprow(1927~2006), 짐 다인Jim Dine(1935~), 클라스 올든버그 Claes Oldengur(1929~), 조지 시걸Georges Segal(1924~2000) 등을 만나면서 팝 아트로 전향했다. 그는 1930~40년대에 방영한 만화 가운데 단편적으로 몇 개를 선택해서 서술성을 제거하고 회화적 기호로서 재탄생시켰다. 리히텐슈타인은 만화에서 차용한 장면을 캔버스에 유채로 정교하게 다시 그렸는데, 이때 이미지를 인쇄할 때 생기는 벤데이benday 망점을 손으로 그림으로써 인위적으로 밝고 경쾌한 색채를 만들어 유머러스하게 표현했다.

이 작품 역시 기계로 인쇄된 연재만화의 형식적인 전통을 차용해서 제작되었다. 한동안 추상표현주의 기법을 실험했지만 결국 추상표현주의에 싫증을 느낀 리히텐슈타인은 대중적인 문화의 상징인 만화를 이용하기로 했다. 그는 실제 발행된 만화를 그린 것이 아니라 자신이 상상한 장면을 그렸다. 사실 이런 장면들은 뜻을 파악하기 힘든데, 아무런 상황도 설정되어 있지 않기 때문이다. 〈꽝!〉은 아마도 리히텐슈타인의 작품 중 가장 잘 알려진 작품일 것이다. 그는 거대한 만화책 리스트를 가능한 한 오랫동안 골라낸 후 몇 개를 뽑아 작품으로 만들었다. 일부에서는 리히텐슈타인을 예술계의 천재라고 하지만, 그

어브 노빅, 〈Star Jochey〉, 1962, DC Comics All-American Men
of War, #82 ⓒWikipedia.

로이 리히텐슈타인, 〈쾅!〉을 위한 스케치, 1963, 149×305, Tate Modern,
London.

를 표절자라고 부르는 사람도 상당히 많다. 기존의 이미지를
날려 버리고 약간의 수정을 가하는 것 외에는 별다른 예술적
제작 행위를 수행하지 않았기 때문이다.

   작품의 구성은 1962년 2월 DC Comics에서 발행한《All-
American Men of War》89호에 실린 어브 노빅Irv Novick(1916~2004)

이 그린 패널에서 가져왔다. 리히텐슈타인은 단일 패널을 두 부분으로 나누고, 주 평면을 하나에 한정하고 폭발을 다른 부분에 제한하는 것으로 그림의 첫 시각화를 구성했다. 리히텐슈타인은 작품 제작 과정에서 사소한 변화를 지속적으로 가했고, 그림 색상 역시 많이 변화되었다. 'WHAAM!' 문자도 흰색에서 노란색이 되었다.

리히텐슈타인이 1967년 7월 10일 미술사학자이자 큐레이터였던 리처드 모펫Richard Morphet에게 보낸 편지에 따르면, 이 두 폭 제단화는 시작부터 완성까지 약 한 달 정도 소요되었다. 광고와 만화에서 대중적인 이미지를 끌어내는 작업에는 어느 정도 전유가 필요한데, 작가는 이것이 명백한 변형이라고 주장했다. 리히텐슈타인은 "나는 이미지 복사를 하고 있지만 이때 복사는 다른 용어로 재작성이라 할 수 있다. 그렇게 함으로써 원본은 완전히 다른 질감을 얻는다"고 말했다.[1]

그는 대중 만화의 형식을 취해 거의 그대로 사용함으로써 전통적으로 숭배되던 대규모 이젤 페인팅을 '낮은' 단가로 대량생산된 상업 이미지로 대체한다.

---

1 Lawrence Alloway, 《Roy Lichtenstein》, New York : Abbeville Press, 1983, p. 106.

리히텐슈타인은 인기 있는 만화책의 한 장면을 골라 세부를 수정하여 큰 캔버스에 유화로 옮겨 그리면서 만화책의 전형적인 포맷은 그대로 유지했다. 단순하게 그려진 인물들은 검은 윤곽선과 몇 가지 원색으로 채워졌고, 정사각형 틀 안에 말풍선과 함께 등장한다. 색면을 균일하게 칠하지 않고 무수히 많은 작은 점으로 채웠다. 요즘에도 값싼 신문이나 잡지책의 원색 도판을 잘 들여다보면 색점이 망처럼 빽빽하게 찍혀 있는 것을 알 수 있다. 이처럼 색을 점으로 분할하여 찍어 내는 인쇄 기법을 인쇄 기술자였던 벤자민 데이의 이름을 따서 벤데이닷 Ben-Day dot이라고 부르는데, 리히텐슈타인은 벤데이닷을 모방하여 하나하나 손으로 캔버스에 작은 점을 찍었다.

리히텐슈타인은 1962~1963년 즈음에 그가 많은 그림의 주제로 삼은 군사적인 소재들에 대해 여러 번 강조한 바 있다. 당시 그는 감정적으로 강렬한 주제로 사용할 수 있는 모든 것에 관심을 가졌다. 일반적으로 사랑, 전쟁과 같은 강렬하고 감성적인 주제였다. 그랬던 그에게 만화 스타일은 쉽게 소화할 수 있는 선과 원색을 통해 극적인 장면을 그리는 데 적합한 수단이었다. 군사적 행동을 만화로 표현하는 것은 그 장면을 우스꽝스럽고 치기 어리게 만든다. 만화 원작의 의도는 영광스럽고

로이 리히텐슈타인, 〈폭발Explosion〉, 1965~1966, 56.2 × 43.5, Tate Collection, London.

영웅적인 액션으로 가득 찬 이미지를 보여 주는 것이었겠지만, 리히텐슈타인이 새롭게 연출한 장면은 예술 평론가 알라스테어 수크Alastaire Sooke가 묘사한 대로 "공격, 정복 및 사정에 대한 남성의 유치한 백일몽"[2]에 가깝다.

이 작품은 베트남전쟁이 한창이던 1963년에 만들어졌는데, 리히텐슈타인이 1943년부터 1946년까지 미군에 복무한 것을 고려할 때 이 군사적 영웅주의의 해체는 전쟁의 어리석음에 대한 성명으로 읽을 수 있다. 테이트 컬렉션이 소장하고 있는 또 다른 리히텐슈타인의 작품들 역시 폭발의 이미지를 탐색한다. 리히텐슈타인은 제2차 세계대전 중 미국 육군에 복무했다. 기본 훈련의 일환으로 대공 훈련을 연습하고, 조종사 훈련에 파견되었다가 본격적인 훈련 프로그램을 받기 직전에 작전 투입이 취소되었다. 이 경험을 바탕으로 리히텐슈타인은 여러 작품에서 공중전을 묘사했다. 〈꽝!〉은 1962년과 1964년 사이에 작업한 전쟁 시리즈의 일부로, 〈공격을 개시하자마자〉(1964)와 함께 두 개의 큰 전쟁 테마 그림 중 하나다. 전쟁과 폭발이 보여

---

2 Alastair Sooke, 《Roy Lichtenstein: How Modern Art Was Saved by Donald Duck》, London : Penguin Global, 2013, p. 2.

로이 리히텐슈타인, 〈공격을 개시하자마자As I Opened Fire〉, 1964, 170×430, Stedelijk Museum, Amsterdam.

주는 운동 에너지에 대한 관념은 작가에게 많은 영향을 주었다. 미술은 운동과 이동의 재현을 공급하고, 운동은 변화와 불가분하게 연결되어 있다. 이러한 작업을 통해 리히텐슈타인은 기성 질서를 위협하는 방식을 예증했다.

만화 스타일과 베트남전쟁 주제를 결합한 작업을 통해, 리히텐슈타인은 대중이 충격을 받고 색다른 방식으로 동시대의 정치적·사회적 주제에 관심을 갖도록 유도했다. 비행기에서 다른 사람을 격추시키는 어두운 주제를 밝고 코믹한 스타일로 표현한 그림을 마주한 관객은, 추락한 비행기의 어둡고 끔찍한 사진과는 다른 방식으로 표현된 전쟁에 대해 논의하고 해석해야 한다. 결국, 우리가 리히텐슈타인의 작품에서 마주하게 되는 것은 현대사회의 거대한 욕망이다.

현대 자본주의는 사회 구성원들에게 지속적인 욕망을 불러일으킴으로써 시스템의 안정을 유지한다. 이는 20세기 이후 급격한 인구 증가와 함께 체계화된 자본의 전략으로서, 사회 구성원들을 대중이란 거대한 소비 주체로 상정하면서도 소비 욕망의 단계를 세분화·계층화하여 오늘날과 같은 소비지상주의 체제의 토대를 마련했다. 팝아트는 이에 대한 다각적인 인문·사회학적인 분석 중 하나이다. 소비지상주의 체제는 소비 기호의 신화를 창조한다. 보드리야르는 상품의 교환가치가 기호가치로 대체된다고 지적했지만, 실제로는 개인의 정체성마저 서서히 기호가치로 대체되기 시작했다.

팝아트는 런던에서 먼저 시작되었다. 제2차 세계대전 이후 미디어 산업이 발달하면서 대중의 사회적·정치적 참여도 활발해졌고, 예술도 과학기술이 바꾸어 놓은 일상의 삶과 통합되어야 한다는 요구가 강하게 제기되었다. 1952년 런던에서 리처드 해밀턴Richard Hamilton(1922~2011), 에두아르도 파올로치Eduardo Paolozzi(1924~2005) 등을 중심으로 결성된 인디펜던트 그룹은 팝아트의 산실 역할을 했다. 1953년 9월 열린〈삶과 예술의 평행Parallel

리처드 해밀턴, 〈오늘의 가정을 그토록 색다르고 멋지게 만드는 것은 무엇인가?Just what is it that makes today's homes so different, so appealing?〉, 1958, 26×24,8, Kunsthalle, Tübingen.

of Life and Art〉전과 1955년 〈인간, 기계, 움직임Man, Machine, Motion〉전 등에서 이들은 조각가, 상업디자이너, 엔지니어 등과 협업해 대중의 취향과 순수미술을 통합하는 다양한 시도를 했다.

  팝아트의 직접적인 시도라고 할 해밀턴의 작품 〈오늘의 가정을 그토록 색다르고 멋지게 만드는 것은 무엇인가〉(1956)는 대중소비사회의 풍요와 미디어 산업의 발달을 보여 준다. 이 작품은 현대 소비사회로 진입하는 가정의 보편적인 변천사를 드러내며 큰 반향을 낳았다. 소형 청소기와 녹음기가 집 안 곳곳에 놓여 있고, 거실 한복판에는 텔레비전이 자리하고 있다. 흑백 이미지로 콜라주된 두 남녀는 서로의 잘 가꿔진 몸매를 마음껏 자랑하는 중이다. 가사도우미로 보이는 여성은 갓 등장한 소형 청소기의 흡입기를 왼편 계단 위로 잡아당기며 집 안을 정리하고 있다. 창문 밖에는 휘황찬란한 와너스 극장Warner's theater의 상영작들이 내걸려 있고, 'POP'이라 적힌 막대사탕과 포드 자동차 로고가 붙은 스탠드까지 집 안 곳곳은 물질문명이 낳은 총아들로 가득하다. 거실 천장은 달 표면의 이미지로 표현되어 있어, 당시 우주과학의 발달과 이에 대한 대중의 관심, 나아가 지극히 현실적인 이미지들을 병치하여 초현실적인 환상의 세계를 투사하려 한 작가의 의도를 엿볼 수 있다.

오늘날 팝아트의 고전 반열에 오른 이 작품은 성적인 대상을 추구하고, 물질화에 집착하며 대량생산적이고 계몽적인 소비문화에 길들여진 대중에 대한 비판과 반성을 담고 있다. 해밀턴의 작품은 1960년대 초 하나의 예술운동으로 등장한 팝아트의 대표적인 주제를 설정하는 데 일조했는데, 작품의 상당 부분을 이루는 대중잡지나 전단지에 등장하는 광고의 활용이 그것이다. 광고의 이미지를 원래의 문맥에서 분리한 다음 변형 과정을 거치지 않고 새로운 구성으로 전환시킴으로써 상품을 홍보한다는 기존 광고의 정체성을 잃지 않는 동시에 전후의 풍족한 가정의 실내 풍경을 이루는 상업적인 구성인자라는 기능도 수행하게 한 것이다. 이처럼 해밀턴이 포착한 문화는 '대중적이고 일시적이며 소모적이고 저가로 대량생산되고 젊고 위트가 있으며 섹시하고 교묘하고 매력적이며 사업성이 큰 것'이었다. 그리고 그가 지적한 이 특성들은 팝아트가 재료로 삼는 많은 것들과 일치한다.

핼 포스터는 포스트모더니즘 예술에 대해, 자율적으로 기능하지 않는 문화 영역과 한계가 명확하지 않은 경제 영역 사이에서 출현한 새로운 사회적 흐름이 과거의 전통과 충돌하여 발생한 상황, 또는 그로 인해 상충하게 된 복잡한 이해관계가 충돌하는 양상³으로 보았다. 이러한 맥락에서 팝아트는 본격적인 포스트모더니즘 예술 시대를 열었다고 할 수 있다.

전쟁을 비롯한 모든 것이 볼거리가 되어 버린 시대. 즉각적이고 신선하게 만들어진 리히텐슈타인의 그림 속, 모빌리티는 충격이다.

---

3 Hal Foster, "Postmodernism and Consumer Society", in Hal Foster, (ed.), 《The Anti-Aesthetic》, New York: The New Press, 1988. 정훈, 《포스트모던 이후의 사진풍경》, 눈빛, 2020, 63쪽에서 재인용.

11

모빌리티는 집적이다

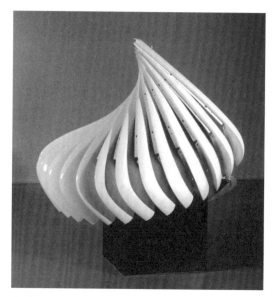

아르망Arman(프랑스, 1928~2005), 〈Murex(Accumulation Renault n°103)〉,
1967, 125×160×175, Musée d'art moderne, Paris.

이 작품은 두 개의 제목을 가지고 있다. 하나는 〈뿔고둥〉이고,
다른 하나는 〈르노 자동차의 집적〉이다. 앞선 제목은 형태에
관한 것이고, 뒤의 제목은 재료에 대한 것이다. 켜켜이 쌓인 르
노 자동차의 범퍼들은 뿔고둥이 되어 이동과 정체의 대조를 드
러낸다. 질주와 정지가 병치됨에 따라 강렬한 경험들이 일어난

다. 질주뿐 아니라 정지도 숭고하고 몽환적인 의식을 생겨나게 한다. 집적이라는 행위를 통해 머무르려는 욕망과 가려는 욕망, 대립적 욕망 사이의 이상적 균형을 향한 탐색이 나타난다. 아르망은 동일한 오브제를 모아 새로운 형태를 만들어 내는 작가다. 그의 작품에 사용된 아상블라주assemblage(집적, 축적) 기법은 동일한 오브제의 여러 사본을 연속적으로 쌓아 새롭게 통일되고 통합된 형태를 부여하는 것이다.

〈뿔고둥〉에 사용된 르노 R8의 경우, R8 도어는 그 자체로 실질적인 의미가 없지만 동일한 자동차 모델의 다른 도어와의 반복된 결합을 통해 조각품의 특정 형태를 제공하는 데 기여한다. 전체적인 관점으로 보면, 각 개체의 특이점은 완전히 없어지고 다량의 연속적인 집적을 통해 알 수 없는 형태의 물성이 드러난다. 이렇게 드러난 형태의 상태(뿔고둥)는 매우 모호하며, 각각의 개체(르노 R8의 도어)는 이런 방식으로 사용되도록 의도된 것이 아니기 때문에 새로운 형태의 물성이 원래부터 잠재적으로 개체에 남아 있었다고 말할 수 없다. 개체는 일반적인 기능에서 벗어나 작업에 통합되고, 새로운 형태는 각각의 개체에서 발견되는 것이 아니라 개체의 집적이라고 하는 외부 프로세스에 의해서만 발견된다. 아르망의 작업은 단순한 우연한 조립이나 무질서한 집적이 아니다. 작품 구성의 기초가 되는 사고 체계가 있고, 작가는 세부 사항을 신경 쓰거나 개체를 응시하지 않고 작업의 통일된 체계성을 인식해야 한다. 아르망의 집적 미학은 디테일과 자연주의에 대한 이중적인 비판을 기반으로 한다.

1967년부터 1974년까지 르노 사는 아르망에게 대규모 작업장을 제공했고, 아르망은 작품 제작을 위해 약 100개의 부품을 무상으로 사용할 수 있었다. 화려한 흰색으로 칠해진 자동차의 도어가 유연한 나선형으로 날개처럼 배열되어 날아갈 듯한 느낌을 자아낸다. 이처럼 아르망은 가벼움으로 집적을 강조한다. 뿔고둥의 '절단된' 모양은 유기적 존재로서의 고유한 삶을 얻는다. 아르망은 "각 개체는 인간의 확장이며 지속적으로 성장하고 증식한다"고 이야기한 바 있다. 이러한 유기체를 구현하기 위해 아르망이 주로 산업 오브제를 사용하는데, 이는 사회학적인 관점에서 현대 소비문명, 더 구체적으로는 샤를 드골 정부 시기 영광의 30년에 대한 비판을 표현하는 행위이기도 하다.

20세기 조각가 중 가장 혁신적인 작가 중 한 명이자 누보 레알리즘Nouveau Réalisme 운동의 공동 창립자인 아르망은 오브제 작업으로 유명세를 얻었다. 마르셀 뒤샹과 쿠르트 슈비터

아르망, 〈Home Sweet Home〉, 1960, 160×140.5×20.3, Centre Pompidou, Paris.

스Kurt Schwitters(1887~1948) 및 초기 다다이스트들의 반예술운 동의 영향을 받은 아르망은, 파리에 기반을 둔 포스트모더니 스트 예술가 이브 클라인Yves Klein(1928~1962), 장 팅글리Jean Tinguely(1925~1991), 세자르 발다치니Cesar Baldaccini(1921~1998), 니 키 드 생팔Niki de Saint Phalle(1930~2002), 크리스토 자바체프Christo Javacheff(1935~2020)의 누보 레알리즘 그룹에 합류, 1950년대 후 반과 1960년대 초 유럽에서 전위 예술의 최전선을 점령했다.

아르망, 〈찻주전자 집적Accumulation of Teapots〉, 1964, 40.64×45.72×15.24, Walker Art Center, Minneapolis.

누보 레알리즘은 1960년대 초 유럽과 미국의 지배적인 조류였던 추상표현주의를 비롯한 일련의 앵포르멜 미술에 대응해서 일어난 미술운동으로, 공업 제품의 단편이나 일상적인 오브제를 거의 그대로 전시함으로써 '현실의 직접적인 제시'라는 새롭고 적극적인 방법을 추구했다.

아르망의 초기 예술적 탐구는 추상적인 회화를 포함했지만,

1954년 파리에서 슈비터스의 조립예술 회고전을 본 후부터 전통적인 포맷의 회화(특히 뉴욕 추상표현주의의 변형)와 조각을 거부하기 시작했다. 그는 폐품 더미와 같은 대량소비사회의 물리적 흔적을 직접 사용하여 그 사회에서 목도되는 일상을 재현함으로써 비슷한 시기에 네오다다와 플럭서스를 통해서도 추구된 미술과 일상 사이의 간격 좁히기를 추구하였다. 1960년대 초, 대상에 대한 더 현대적인 초점을 표현하기 위해 아르망은 방독면과 같은 쓰레기가 담긴 일련의 투명 플라스틱 케이스 작업을 시작했다. 이후 그는 동종의 사물을 모아 쌓기를 보여 주며 '집적accumulation'이라 불리는 독창적인 방식을 구사했다.

아르망의 집적 작업은 역설적으로 해체적 양상을 기반으로 한다. 그의 집적은 여러 가지 오브제를 유리상자에 넣거나 혹은 위로, 옆으로 쌓거나 하드보드 위에 릴리프 상으로 배열하여 쌓는 구성 방식을 취한다. 아르망은 각 오브제들이 일상적으로 사용될 때는 가지고 있지 않은 정의를 유추해 내었고, 그것이 아무리 흔한 것일지라도 집합적으로 모이면 평소와 다른 흥미와 효과를 유발한다는 것을 중요하게 생각했다. 이러한 현실 속 오브제에 대한 재현의 극치라고 할 수 있는 작품이 바로 〈장기주차〉다. 1970년대 중반부터 아르망은 60대의 자동차로

아르망, 〈장기주차Long Term
Parking〉, 1982, 1,950×609.6×
609.6.

만든 이 기념비적인 조각에 7년을 바쳤다. 높이 19미터의 콘크
리트 속에 60대의 자동차를 쌓아올린 거대한 작품은 많은 이들
의 관심을 끌었다.

자동차는 현대인의 일상을 규정짓는 가장 대표적인 물건이
며, 현대문명의 상징이라 할 수 있다. 아르망은 공장에서 막 나

온 새 자동차를 콘크리트의 집합 재료로 사용함으로써, 생산—소비—파괴의 과정을 환기시킨다. 현대 소비사회에서는 도처에서 축적이 이루어진다. 공장에서 대량생산되어 매장 진열대에 쌓이는 물건들에서부터 그것들이 소비되어 나오는 쓰레기까지 끊임없이 축적이 일어난다. 아르망은 이러한 소비사회의 생산과 소비 체계 및 그 안에서 살고 있는 현대인들의 정서를 표현한다. 소비사회와 연관된 사회적 의미는 르노사가 아르망의 작업을 후원하게 되는 1967년 이후의 작품들에서 더욱 명백하게 드러난다. 실제로 아르망은 르노사와의 협업으로 오랜 관심사였던 산업사회의 체계를 마음껏 표현할 수 있게 되었다고 이야기한 바 있다.[1]

산업사회의 양적인 리얼리티를 명백하게 상징하는 〈장기주차〉는 어떤 '산업적 시정'을 불러일으킨다. 동어반복처럼 쌓인 자동차들은 독특한 리듬을 만들어 내며 질문을 던진다. 자동차 본래의 성질은 무엇인가? 물체의 움직임이 모빌리티로서 중요해지는 순간이 언제인가? 이것은 언제 자각 가능한가? 이것은

---

1 오진경, 〈아르망의 '축적'을 중심으로 본 누보 레알리즘의 조형적 태도〉, 《미술사논단》(12), 2001, 286쪽.

언제, 어떻게 사회적 관계를 형태 짓는가? 영원히 빠져나올 수 없는 콘크리트 주차장 속에 박혀 버린 자동차는 자동차 없이는 움직일 수 없게 된 현대인의 부자유스럽고 소외된 자화상이다.

장난스럽고 해학적인 작품 제목은 아르망의 집적 작업을 더 시적으로 만든다. 집적된 작품은 관람자의 상황에 따라 다량의 오브제 모음으로 인식될 수도 있고, 추상적인 덩어리로 보일 수도 있다. 이처럼 구체적인 일상의 조각에 숨겨진 추상적인 의미를 새롭게 제시하는 아르망의 작업은 파리 생라자르 역 광장과 천안 버스터미널 광장을 비롯, 세계 곳곳에서 의미 있는 장소특정적 예술을 구현하고 있다. 그중 가장 커다란 작업은 78대의 탱크와 기타 군용 차량으로 만든 32미터 높이의 〈평화를 위한 희망〉(1995)이라는 공공예술 작품이다.

〈평화를 위한 희망〉은 1995년 레바논 정부가 1975년부터 1990년까지 15년에 걸친 내전의 종전을 기념하기 위해 주문한 것으로, 83대의 탱크와 군용 차량이 32미터 높이의 콘크리트에 박혀 있다. 이 높은 콘크리트 탑은 전쟁기계를 영원히 매립해 버리려는 영속적인 꿈을 품고 우뚝 솟아 있다. 아르망은 이렇게 우리의 모순, 무기와 폐기물의 맹목적인 대량생산과 함께 존재하는 예술과 평화, 생태적 균형에 대한 지속적인 희망에

아르망, 〈수백만 마일〉, 1989, 600×600×2000,
씨라리오 조가광장, 천안.

아르망, 〈평화를 위한 희망Hope for Peace〉,
1995, 3200(h), Beirut, Lebanon.

대한 이야기를 불멸로 만든다.

현실을 쌓아 올리고 일상을 승화시켜 시를 쓰는 아르망의 작품 속, 모빌리티는 집적이다.

12

모빌리티는 저항이다

키스 해링Keith Haring(미국, 1958~1989),
〈Skateboarder〉, 1987.

스케이트보더는 신체와 보드의 협동을 통해 공감적이며 미시
신체적인 움직임을 수행한다. 스케이트보드를 매개로 스케이
터는 주변 공간과 아주 색다르지만 더욱 완전하고 직접적인 상
호작용을 하게 된다. 공간과의 직접적인 교류라고 할 만하다.
신체, 보드, 움직임, 지형은 서로를 감싼다. 스케이트보드는 스
케이터의 움직임이 만드는 역동에 흡수되어 있으면서도 동시
에 그 신체에 외부적이다. 이전의 정적이고 죽어 있는 상태에
있던 수직선, 커브, 대칭이 활기를 띠면서 공간이 살아난다. 번
잡한 도시의 도로 경계석, 선로, 계단은 뭔가 다른 것이 된다.[1]

---

1 Ian Borden, 《Skateboarding, Space and the City: Architecture and the Body》, Oxford: Berg

유연하고 개방적인 도시 곳곳은 1980년대 이후 정체성들에 대한 적절한 공간적 은유가 되었다.

1980년대 이전만 하더라도, 정체성(들)이 이렇게 유연한 면모를 보이리라고 아무도 예견하지 못했다. 이제 사회적 세계는 순수성, 동질성, 영속성을 갖는 한정된 실체가 아니라, 유동적 정체성과 경계 형성/변형, 경계 지대, 흐릿함, 불확실성, 혼종성, 혼합의 세계가 되었고,[2] 우리는 사회적·정치적 정체성에 존재하는 해소되지 않은 모순들을 보여 주는 지표들로 둘러싸여 있다. 오늘날 현대미술의 영역에서도 기존의 것들을 통해 새로운 가치를 창출하는 다원주의적인 문화현상이 일어나면서, 문자 발명 이전부터 인류의 근원적인 모습을 표현하는 수단이었음에도 하위문화로 분류되어 온 그라피티graffiti가 새롭게 주목을 받게 되었다. 고유의 미적 가치를 지닌 그라피티가 현대미술의 한 영역으로서 다양한 콘텐츠로 활용되는 양상을 보이게 된 것이다.

그라피티가 그 가치를 인정받게 된 데에는 키스 해링의 역할

Publishers, 2001, p. 253.

2 로빈 코헨·올리비아 셰링엄, 《다름과 만나기》, 최영석 옮김, 앨피, 2019, 22쪽.

이 매우 컸다. 현대미술에 특별한 관심을 없는 사람이라도 누구나 한 번 쯤은 해링의 작품을 만나 본 적이 있을 것이다. 해링은 1980년대 미국 뉴욕의 그라피티 예술가로 알려진 팝아트 작가이자 사회운동가이다. 그는 낙서라는 주변문화를 미술의 중심으로 끌어들이고, 대중과 미술의 벽을 허무는 역할을 했다. 1990년 에이즈 합병증으로 사망하기까지 10여 년이라는 짧은 기간 동안 해링은 감상과 소통의 측면에서 다양한 부류와 계층을 포괄하며 예술의 위계를 무너트리려 노력했다.

무엇보다도 해링의 작품에는 그 자체로 대중과 소통할 수 있는 힘이 있다. 해링은 1978년 학업을 위해 도착한 뉴욕에서 하위문화로 낙인찍힌 낙서 형식을 빌려 새로운 회화 양식을 창조했다. 뉴욕 시각예술학교School of Visual Art 재학 시절, 해링은 당시 대세였던 추상표현주의를 따라 드로잉을 연습하며 예술의 정신성을 추구했다. 그러나 얼마 지나지 않아 추상적 작업이 갖는 소통의 단절을 고민하던 중 기호학을 통해 단순한 기호와 같은 형상이 지니는 상징적 힘을 깨닫게 되었다. 그는 거리의 벽면과 지하철 플랫폼에 그려져 있는 낙서 스타일의 그림을 보고 깊은 영감을 받았다. 해링은 무심코 그려 낸 동물이나 비행접시 형상을 통해 누구든 알아볼 수 있지만 살펴보면 어디에도

키스 해링, 〈Crack is Wack〉, 1986, New York.

없는, 어떤 그림과도 똑같지 않은 이미지를 만들어 냈다.[3]

이렇게 기어 다니는 사람, 짖는 개, 비행접시, 버섯구름과 같은 반복되고 인식 가능한 상징을 특정으로 하는 그래픽 스타일이 탄생하였다. 이후 그의 간결한 선과 생생한 원색, 재치와 유머가 넘치는 작품은 많은 사람들의 주목을 받게 되었고, 소수

---

3 김지영, 〈미술의 공공성과 키스 해링의 사회적 개입에 관한 연구〉, 《미술이론과 현장》, 2009 (8), 70쪽.

키스 해링, 〈Tuttomondo〉, 1989, Pisa.

만이 향유할 수 있는 미술계의 폐쇄성을 기피했던 해링은 적극
적으로 대중과 접촉하기 시작했다.

　1978년 해링은 일기에 다음과 같이 썼다. "나는 주어진 작품
에 대해 결정적 의미를 첨부하지 않고 가능한 한 많은 개인이
다양한 아이디어를 경험하고 탐구할 수 있도록 하는 예술을 만
드는 데 관심이 있다." 해링은 미술관이나 갤러리뿐 아니라 공

공장소, 상업 공간, 일상 공간 등 다양한 성격의 공간을 매개했고, 지하철 역사의 광고판, 거리의 담벼락, 포스터, 잡지의 광고, 티셔츠 같은 제품 등 다양한 매체를 사용함으로써 작품에 대한 물리적 접근성을 높였다.[4]

대중과 함께하는 예술은 미술을 통한 시각적 즐거움을 넘어선 소통과 소유 방식의 변화, 예술과 함께하는 삶으로 이어졌다.

1980년대 뉴욕은 혼돈과 반항의 도시였다. 급격한 변화의 시대였고, 사회는 불안정한 고민들을 안고 있었다. 해링은 예술가로서 자신의 사명은 이러한 고민들을 드러내어 여러 목소리를 모으는 것이라고 믿었다. 그는 거친 스타일의 그라피티가 담고 있는 자신감 넘치고 즉각적이며 주저하지 않는 선을 장 뒤뷔페Jean Dubuffet와 잭슨 폴록Jackson Pollock의 예술과 연결시켰다. 또한 피에르 알레친스키Pierre Alechinsky에서 로이 리히텐슈타인Roy Lichtenstein까지, 월트 디즈니에서 이집트 상형문자와 중국의 서예에 이르기까지 다양한 문화적 원천에서 영감을 얻었다. 이를 통해 해링은 풍요로운 에너지를 흡수하는 근본적인 개방성을 구현해 냈다. 종교적인 가정에서 자란 해링은 뉴욕 다운타운의

---

4 김지영, 앞의 글, 72쪽.

퀴어 나이트클럽에서 성적이고 정치적인 해방을 경험했다.

  레이건 시대의 미국 주류로부터 소외감을 느끼며 정치적인 성향의 작업을 계속하던 해링은, 자신과 비슷한 관심사와 경험을 지닌 젊은 예술가를 만나게 된다. 바로 아이티 출신의 아버지와 푸에르토리코 출신의 어머니 사이에서 태어난 장 미셸 바스키아 Jean-Michele Basquiat(1960~1988)다. 바스키아와 해링은 각각 스물 일곱과 서른 하나라는 젊은 나이에 삶을 마감했다는 공통점도 있다. 이토록 짧은 생애 동안 그야말로 불꽃같은 작업을 남긴 두 사람은 서로에게 개인적인 애정과 직업적 존중을 드러냈다.

  해링은 간결한 라인이나 단순한 원색을 사용하여 직접적인 메시지를 친숙하게 표현하고자 했다. 지하철이나 병원, 공원이나 학교의 벽 등 대중과 직접적으로 교감을 나눌 수 있는 장소를 활용하여 자신이 생각하는 사회적 · 문화적 · 정치적 주제들을 공유하고자 했다. 물론 어떤 작가의 예술 작품이 창조적이라고 해서 다 저항 행위로 이어지는 것은 아니다. 해링의 작업을 우리가 '사회적인 저항 행위'로 해석할 수 있는 것은 바로 해링의 작품이 담고 있는 공존과 참여의식 때문이다. 이는 비단 직설적으로 드러나는 마약, 에이즈, 인종차별에 대한 메시지뿐만 아니라, 그 기저에 자리하고 있는 자신에 대한 인식과 각성에서 생겨나는 연대감에서 기인한다. 해링이 그린 단순한 라인에서는 독립된 개체로서 자신의 정체성에 대한 인식과 함께, 타인과의 관계 속에서 근본적 고독을 극복하고자 하는 의지가 발견된다.

해링의 사회참여적 태도의 기반에는 동성애자로서 에이즈와 투쟁하며 자신의 삶을 극복하고자 했던 불안과 고독, 그리고 정신적 자유에 대한 추구가 강하게 자리하고 있다. 그는 자신의 성 정체성을 작품에도 솔직하게 드러냈고, 이 점은 기성세대와 기득권층이 갖고 있는 고정관념과 암묵적인 다수의 폭력성에 이의를 제기하는 핵심적 요소가 됐다. 해링의 커밍아웃은 그 자체로 사회 관념에 맞서는 저항 행위라는 의미를 지니는 동시에, 자신의 사회적 정체성을 형성하고 방어하려는 강력한 욕구의 발현이었다. 개인의 문제에서 시작된 그의 저항과 발언은 사회적인 관심으로 확장됐다. 1990년 2월, 에이즈로 인한 합병증으로 사망하기까지 해링은 거리와 현장에서 대중과 함께 호흡하며 수많은 사회비평적 작업을 남겼다. 그는 사회적 문제를 공동의 문제로 파악하고 그것을 공공의 의제로 올리기 위해 활동함으로써 그것이 공공영역에서 논의되고 수정될 수 있는 여지를 만들어 냈다. 해링이 남긴 것은 일반적인 공공예술 형태의 형식적인 공존이나 자위적인 아방가르드적 표출이 아닌, 타인과의 깊은 유대와 연대를 가능하게 하는 실질적인 공존이다.

해링의 예술은 정치적이다. 그는 에이즈에 대한 올바른 인식을 제고하려는 활동을 벌였으며, 핵무기와 군비 경쟁, 인종차별, 동성애혐오 및 국가가 승인한 모든 종류의 폭력을 비난했다. 해링은 자신의 플랫폼을 통해 자기 세대에 중요한 문제를 가지고 사람들과 소통할 수 있다는 것을 잘 파악하고 있었다. 1980년대 에이즈는 해링에게 개인적으로, 사회적으로, 정치적으로 가장 시급한 문제였다. 해링은 자신이 에이즈에 걸렸다는 사실을 알고《롤링 스톤》지를 통해 이를 전 세계에 발표했다. 당시 많은 유명 인사들의 행보와는 반대되는 행동이었지만, 해링은 사람들에게 이를 알리고 공개적으로 이야기하는 것이 옳다고 생각했다. 생의 마지막까지 해링은 소통과 연대를 추구했다. 그러나 인종차별, 동성애혐오, 내전 등 키스 해링이 1980년대에 온몸으로 대항했던 모든 문제가 여전히 존재한다. 사람들 사이에 보이지 않는 분열의 벽이 쌓여 가는 시대. 에너지와 생명을 담아 혐오와 싸웠던 해링의 작품은 현재진행형이다.

누구보다 삶을 사랑한 거리의 혁명가 키스 해링의 작품 속, 모빌리티는 저항이다.

13

모빌리티는 기억이다

프랭크 스텔라Frank Stella(미국, 1936~), 〈꽃이 피는 구조물-아마벨
Flowering Structure-Amabel〉, 1997, 900×900×900, POSCO Center, Seoul.

서울 테헤란로 중심가를 걷다 보면 마주치게 되는 프랭크 스
텔라의 작품이 있다. 가로 9미터, 세로 9미터, 높이 9미터, 무게
가 30톤에 달하는 거대한 작품이다. 포스코 측이 당시 60세의
미국 작가 프랭크 스텔라에게 이 작품 제작을 의뢰하며 지급한
비용은 180만 달러(당시 환율 17억 5천만 원)으로, 그때까지의 환
경 조각물로는 최고가를 기록했다. 1년 6개월이라는 긴 제작

기간을 거쳐 1997년 9월 완성된 이 작품은 대중에게 소개되자마자 '도시 미관을 해치는 흉물스러운 고철 덩어리'라는 비난을 받으며 철거 위기에 놓였다. 작가는 한국으로 재료를 공수해 와 현장에서 직접 작품을 제작했는데, 도로 근처 포스코 사옥 앞에 야적해 둔 스테인리스 스틸 재료를 고물상이 고철인 줄 알고 가져가 버린 해프닝이 벌어지기도 했다. 작가의 의도와는 상관없이, 〈아마벨〉은 공공미술이 어떠해야 하는지, 즉 예술이 미술관이 아닌 거리로 나왔을 때 대중과 어떻게 소통해야 하는지 우리 사회가 처음으로 성찰하게 된 계기를 제공했다.

〈꽃이 피는 구조물–아마벨〉은 멀리서 보면 꽃의 형상처럼 보이지만, 가까이서 보면 부식되고 찌부러지고 구멍이 숭숭 뚫린 고철 덩어리 그 자체다. 스테인리스 스틸 철판과 스테인리스 스틸 주물 등을 스테인리스 스틸 구조물 위에 용접으로 접합하여 조형한 작품이지만, 사실 단순한 금속판 이상이다. 철을 이어 붙여 만든 것 같은 이 작품은 사실 작가가 스테인리스 스틸 주조법으로 수백 개의 주물을 뜬 뒤 조형미를 고려하여 정교하게 용접 접합해 만든 조각이다. 스테인리스 스틸은 무겁지만 강철과 달리 녹이 잘 슬지 않아 내구성이 강하다. 이 주물들이 연결되면서 만들어 내는 조형적 긴장감이 작품에 생명을 불어넣는다.

스텔라는 이 작품에서 분열된 인류애의 회복을 통해 현대사회의 여러 가지 문제를 해결할 수 있다는 메시지를 전하고 싶었다고 한다. 작품이 제작되는 기간에 지인의 딸이 비행기 사고로 죽자, 이를 추모하며 해당 비행기 부품의 일부를 작품 재료로 사용하기도 했다. 처음 스텔라가 생각한 작품의 제목은 '꽃이 피는 구조물'이었지만, 친구의 딸 아마벨의 죽음을 기리기 위해 부제를 덧붙였고, 이후 작품은 〈아마벨〉로 더 널리 알려졌다. 〈아마벨〉에는 쉽게 환산할 수 없는 정서적 유대감을 담겨 있다. 스텔라는 삶과 죽음에 대한 통찰을 녹여내어 일그러진 고철에서도 숭고한 감동을 느끼게 한다.

아마도 〈아마벨〉을 가장 잘 감상하는 방법은 조형물 아래에서 위를 올려다보는 것일 게다. 부식된 디테일과 섬세하게 빚어낸 주름들에서 강력한 생동감이 느껴진다. 꽃가루가 흩날리는 것처럼 찢겨진 금속판은 시작과 끝이 없이 이어져 있다. 이렇게 과거는 미래가 되고, 미래는 과거가 된다. 휘어져 있는 철로 된 꽃받침에서 과거는 미래가 되고 미래는 과거가 되어 꽃을 피운다.

시간은 미술의 영원한 화두다. 정적인 공간의 예술로 정의되

프랭크 스텔라, 〈이성과 천박함의 결혼The Marriage of Reason and Squalor〉, 1959, 230.5×337.2, Museum of Modern Art, New York.

어 온 미술에서 시간은 금기인 동시에 멈출 수 없는 욕망의 대상이 되어 왔다. 시간을 포획하려는 욕망이 예술적 발현이라면, 시간이 멈춘 초월적 공간을 지향하는 추상 화면은 시간에 대한 두려움의 표상일 것이다. 미술작품을 움직이게 하려는 충동은 시간으로부터 격리될 것 같은 두려움에서 온 것으로, 이를 무시간적 공간에 안치하려는 열망은 영원한 시간을 포획하려는 욕망과 다르지 않다. 이러한 시간에 대한 욕망과 두려움, 즉 크로노콤플렉스chrono-complex는 이렇게 현대 미술사를 추동해 왔다.[1]

1959년 후반 불과 스물셋의 나이에 〈블랙 페인팅Black Paintings〉 연작으로 전후 현대미술사에 한 획을 그으며 미술계의 스타로 부상한 스텔라는, 당시 미국미술의 대세를 이루던 추상표현주의와의 단절 및 그 전통을 승계하는 면모를 보인다. 온전히 손의 감각에만 의존해 물감을 '올리는' 행위를 통해, 스텔라는 검은색으로 화면을 완전히 채우는 대신 붓과 붓이 지나간 흔적들이 맞닿지 않도록 틈을 비워 두었다. 〈블랙 페인팅〉 연작 이후 스텔라는 1962년부터 〈중심이 하나인 정사각형Concentric Square〉이라는 새로운 연작을 시작했다. 중앙의 작은 정사각형에서 점진적으로 확대되는 패턴의 기하학적 추상화다. 이때부터 다양한 색채들을 활용한 실험을 시작했고, 다시는 단색 회화로 돌아가지 않았다.

---

1 윤난지, 〈사물 속의 시간, 시간 속의 사물〉, 《오늘의 미술가를 말하다 2》, 학고재, 2010, 346쪽.

프랭크 스텔라, 〈Harran II〉, 1967, 304.8×609.6, Guggenheim Museum, New York.

　이 새로운 연작은 일관성을 유지하는 동시에 효과적인 구성적 틀 안에서 색채를 탐구했고, 색상 조합과 구성으로 중심이 튀어나오거나 들어가는 듯한 착시효과를 만들어 냈다. 이후 스텔라의 회화적 실험은 '형태를 지닌 캔버스shaped canvas'로 이어진다. 회화의 사물성을 강조하기 위해 스텔라는 사각 캔버스를 잘라 다양한 형태를 제시했다. 그간 평면 회화 작품에 나타났던 선적인 요소와 기하학적인 형태들, 무미건조하게 도식화된 형태들은 이제 잘린 캔버스 속에서 하나의 도형이나 기호, 표

프랭크 스텔라, 〈Ambergris〉, 1993, 105×133, 개인 소장.

지로 기능한다. 스텔라는 환영을 없애 버리고 물체로서의 그림 그 자체가 가지는 물리적 현존성을 강조함으로써 눈이 회화를 인지하는 방식을 탐구하며 (작가 본인은 부인하고 있지만) 미니멀리즘이라는 새로운 미술 형식을 가능하게 했다.

1980년대 이후 스텔라는 다양한 형태로 자른 알루미늄판에 형형색색 페인트칠을 입혀 만든 부조 형태의 회화 연작 〈모비딕Moby Dick〉을 선보였다. 허먼 멜빌의 소설에서 영감을 받은 이 연작은 조각과 회화의 전통 경계를 무너뜨리는 혁신적인 작업으로 발표와 함께 큰 화제가 됐다. 초기 추상화 작업에서 추구한 대칭 구조와 같은 엄격함에서 벗어나, 금속판을 마음대로 구부리고 자르고, 그 위에 물감을 흩뿌리는 등 자유롭게 붓질하여 완성했다. 물결치고 구불거리며 3차원으로 도드라지는 작품 내부로 수많은 모빌리티들이 들고 나간다. 모든 것이 움직이면서도 움직임에 매몰되지 않는다.

이 연작 이후 스텔라는 〈아마벨〉처럼 철제나 금속판을 이용한 대형 조각에 도전했다. 〈타운 호 이야기Town Ho's Story〉는 소설 《모비딕》의 여러 장에서 영감을 받은 복잡한 작품으로, 강철과 알루미늄, 금속 막대, 페인트 등을 포함한 다양한 재료를 사용한 대형 추상 조각이다. 꼬인 금속의 일부는 무지개 빛깔의 금속 페인트로 칠해졌다. 서로 다른 요소가 마구 결합되어 매우 혼란스럽지만 강한 형태를 만들고, 각자의 지난 시간을 의식의 표면으로 떠오르게 한다. 기억을 추상화하는 스텔라의 작업을 통해 흘러가 버린 과거는 현재 위에 겹쳐진다. 시간은 비가역적으로 흐르지만 잔상과 기억, 상상을 통해 가역적인 것이 될 수 있음을 보여 준다. 현재로 소환된 과거는 더 이상 같은 과거가 아니며 순간순간 새롭게 살아나는, 새로운 시간의 부피를 얻는다.

기억의 순간들은 같은 이미지에 의해 환기되지만 서로 다른,

프랭크 스텔라, 〈타운 호 이야기The Town Ho's Story〉, 1993, 670×365.7×457.2, Metcalfe Federal Building, Chicago.

따라서 그 자체로 충만한 현재들로 변환된다. 스텔라는 기억이라는 주제를 통해 이것이 비단 과거에 머물러 있는 것이 아니라 시간의 수평선 상에 있는 것이며 그렇게 시시각각으로 변하는 무의식의 발현임을 이야기하려는 듯하다. 〈타운 호 이야기〉와 〈아마벨〉을 제작하기 위해 스텔라가 모은 것은 단순한 조형 재료가 아닌 기억과 경험의 파편이다. 작가는 수집한 추억에 새로운 의미를 부여하며 무의식적으로 과거를 미래에 접붙인다. 과거만 미래를 바꾸는 것이 아니라 미래도 과거를 바꾼다. 일반화하거나 추상화할 수 없는 구체적인 시간들은 그렇게 원형의 시간이 된다. 무한히 변화해 가는 시간 속에 그 어떤 것도 고정된 것이라 말할 수 없다. 스텔라는 쉴 새 없이 스타일을 변주해 가며 끊임없는 도전과 실험을 선보여 왔다. 어떻게 보면 변화 자체를 표현하는 것이 진정으로 지난 기억을 간직하는 것이라고 생각하는지도 모른다.

언제나 현재시제로 드러나는 과거의 시간을 담은 스텔라의 작품 속, 모빌리티는 기억이다.

14

모빌리티는 유희다

빔 델보예Wim Delvoye(벨기에, 1965~), 〈일그러진 덤프트럭Twisted Dump Truck〉, 2011, 200×70×80.

매력과 혐오. 빔 델보예는 이 두 가지를 엮어 모순으로 가득한 작품을 만들어 낸다. 그의 작품을 처음 보면 그 파격적이고 생경한 형상에 거부감이 들지만, 이내 자세히 들여다보고픈 유혹을 느끼게 된다. 그리고 마침내 그의 장인정신과 미학에 경외감을 갖게 된다. 그의 작업은 언제나 사건을 촉발시킨다. 델보예의 작품은 보이는 것 이면에서 작용하는 힘에 관해 사유할 계기를 부여한다. 시각적 일루전illusion과 무한한 확장, 질서정연한 배열은 주어진 의미구조에 균열을 초래하고, 그 과정에서

빔 델보예, 〈콘크리트 믹서(concrete
mixer)〉, 2013, 91×65×38.

크건 작건 어떤 긴장감이 발생한다.

스테인리스로 만들어진 미니어처 덤프트럭과 레미콘은 웅장
한 고딕 성당의 패턴으로 섬세하게 레이저 커팅되었다. 스테인
리스 스틸을 레이저로 절단하여 제작한 이 모델의 디테일 수준
은 놀라울 정도다. 건설 현장에서나 볼 수 있을 법한 공사용 차
량들이 레이저 커팅으로 모듈화되어 하나씩 조립되어 있다. 실
제 차량을 5대 1 비율로 축척하여 제작한 작품은 문도 열리고

바퀴도 굴러갈 정도로 사실적인 형태에 초점을 맞췄다. 관람객들은 작품을 접하기 전까지 트럭과 고딕 성당이 이렇게나 잘 어울릴 수 있다는 것을 상상도 하지 못하다가, 고딕 건축물에 깃든 복잡한 장인정신과 대량생산되는 현대적 건설 기계 사이에 형성된 어떠한 맥락을 곧 깨닫게 된다. 굳건하기 그지없는 자태로 서 있는 고딕 성당은 단순한 건축물이 아닌 서양 중세에 기독교가 지녔던 종교적·정치적 권위를 의미한다. 투박한 트럭의 구조를 완전히 바꾸어 섬세한 예술품으로 탈바꿈시키는 델보예의 작품은, 권위에 대한 분열적 전망을 내포하고 해석학적 교란을 일으키며 우리를 '거룩한' 미술로부터 해방시킨다.

중장비 차량들이 마치 탈선한 기차처럼 비틀리고, 애니메이션 효과라도 가한 것처럼 과장되게 회전하고 있는 모습은 속도감과 운동감을 선사하며 시선을 사로잡는다. 실제로 델보예는 시각적인 쾌快(미적인 것이든 그 반대의 것이든)를 매우 중시하는데, 역설적 요소와 강력한 시각적 효과의 결합을 통해 우리는 유머와 아름다움을 모두 포착할 수 있고, 나아가 그 속에 담긴 사회정치적 내용을 읽을 수 있다. 보는 것이 곧 믿는 것이라는 지각심리학의 가설에 대한 이의 제기이자, 이미지의 조작이 실제를 추월해 버린 현실에 대한 불안하면서도 통쾌한 풍자다.

동시대를 배반하는 '고딕 시리즈'에 포함된 다른 작품들 역시 이러한 지점을 잘 보여 준다. 알루미늄 표면에 우아한 이슬람 전통 문양이 정교하게 양각된 고급 여행가방이나, 슈퍼카로 불리는 페라리와 마세라티를 보면 이런 의문이 든다. 중동의 억만장자를 위해 디자인된 맞춤형 명품일까? 고전적인 문양으로 아름답게 조각된 검은색 고무타이어는 굉음을 내며 서킷을 돌다가 피트 스톱을 하러 들어온 레이싱카를 위해 대기 중인 것처럼 보인다.

현대의 기계화된 노동으로 대량생산된 기능 중심의 오브제는 절묘한 장인정신으로 수행된 수작업과 결합되어 한때 극소수의 사람들에게만 허락되던 장식 패턴을 덧입고 공예에 대한 고정관념을 흔든다. 빌 델보예가 작품을 제작할 때 가장 중요하게 생각하는 것은 바로 전통적인 기술을 지닌 장인들과의 협업이다. 대량생산된 기성품의 맥락에서 벗어나 시각적 미감을 강렬하게 선사하는 숙련된 기예를 극단적으로 좇는 델보예는 직조, 문신, 도예, 스테인드글라스 등 거의 모든 분야를 섭렵한다. 그는 세계 곳곳의 장인들을 섭외하는 데 많은 노력을 기울인다. 디자인 제품을 제작할 때 당연시하는 협업을 왜 예술계에서는 터부시하는지에 대한 의구심을 공개적으로 표방하는

델보예는, 기존의 작가라는 위치를 넘어서 프로젝트 디렉터 또
는 비즈니스 리더의 역할을 기꺼이 받아들인다.

　이렇듯 델보예는 예술과 예술 언어에 존재하는 생산, 취향,
위계질서, 물신화 메커니즘을 뒤섞으면서 예술산업과 현대미
술 제작의 부조화에 도전하고, 예술의 가치가 표현하는 것보다
더 중요시되는 현대 예술 작품의 상품화에 의문을 제기한다.
그는 모순들이 생성하는 차이의 요소들을 혼합하기보다는 유

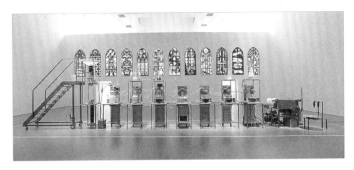

빔 델보예, 〈클로아카Cloaca〉, 2000, 1157×78×270.

제emulsion시키며, 두 개의 모순되는 개념들을 하나의 앙상블로 공존하게 한다.

　발표하는 프로젝트마다 화제를 불러일으키는 델보예의 작품 중 가장 많은 관심을 받은 작품은 아마도 〈클로아카Cloaca〉일 것이다. 얼핏 보면 정교한 실험 기계처럼 보이는 이 작품은 인간의 소화기관 메커니즘을 그대로 재현하여, 실제로 인간처럼 음식을 먹고 박테리아가 포함된 위와 내장기관을 거쳐 마지막엔 냄새 나는 진짜 황갈색 '똥'을 배설한다. 델보예는 이렇게 만든 똥을 냉동실에 보관했다가 나중에 선별을 거쳐 '아방가르드 느낌을 더해 줄 장식품'이나 '현대미술작품 염가 판매' 같은 서명을 달아 한 덩어리당 1천 달러씩 판매하기도 했다. 아무리 귀한 것도 언젠가는 똥이 된다는 세상의 부조리, 혹은 예술의 신성함에 날리는 매운 펀치였던 셈이다.

섭식과 배설은 서로 꼬리를 물고 돌고 도는데, 문화와 예술은 이를 엄격히 구별한다. 순수와 오염을 구별하는 엄격한 금기의 선. 델보에는 이러한 구별을 원환으로 연결시키는 모빌리티를 추구하며 첨단기술과 합세해 별것 아닌 것을 극강의 예술품으로 변환시킨다. 2012년 루브르 박물관에서 열린 그의 개인전은 위엄과 권위의 상징과도 공간에서 델보예의 키치한 작품 세계를 제대로 펼쳐 보였다. 루브르의 유리 피라미드 아래 설치된 높이 11미터의 〈쉬포Suppo〉(2010)는 콩코드 광장에 놓인 오벨리스크를 연상시키면서, 고대미술에 대한 작가의 집요한 관심과 이를 자신만의 언어로 재해석하려는 의도를 보여 주었다. 신비한 아우라를 뿜어내는 이 뾰족한 탑의 정체는 사실 나선형의 좌약이었다.

델보예의 작품은 장르, 시대, 그리고 범주의 혼용에서 출발한다. 중세의 고딕건축 양식에서 비롯된 장식적인 요소와 19세기 아카데미풍의 조각적인 요소, 월트 디즈니의 애니메이션에 나오는 상상의 세계까지 그의 작품에 영향을 미친 요소들은 특

빔 델보예, 〈쉬포Suppo〉, 2010, 1100×129×130.

정 시대의 양식이나 문화에 국한되지 않는다. 평론가들은 이런 초현실적 작업을 좋아하는 델보예를 가리켜 '사이의 대가master of inbetween'라고 부른다. 경계를 무너뜨린다는 얘기다. 장인들의 작업 방식을 이어 다양한 소재로 제작한 작업에는 재료와 기법, 기술 등 작품 제작과 관련된 다양한 요소들이 한데 뒤섞여 나타나고, 델보예는 시대와 문화를 넘나들며 내달린다.

델보예는 이란 이스파한Isfahan 지역의 장인들과 협업하여 럭

서리 카에 문양을 새기고, 이탈리아와 스페인산 고급 살라미와 초리조로 대리석 문양을 만들어 대성당 바닥을 재현한다. 장식의 과잉이라는 느낌을 주면서도 다분히 풍자적인 작업이다. 델보예는 프로젝트를 가장 잘 구현하기 위해 벨기에 겐트에서 7명으로 구성된 팀을 운영한다. 이들은 특정 노하우를 지닌 전문 장인에게 실제 제작을 위임한다. 작품의 아이디어만 완성되면 그걸 가장 저렴한 가격에 최고의 작품으로 만들어 줄 전문가를 찾아 전 세계를 돌아다니는 델보예는 예술가라기보다는 엔지니어에 가깝다. 예술의 권위에 도전하는 동시에 예술을 비즈니스 상품으로 만들어 버리는 대범함. 델보예가 추구하는 예술 작품 혹은 예술 상품의 제작과 유통, 판매 양태 역시 글로벌 모빌리티의 중요한 단면을 반영하고 있다.

2012년 루브르 전시에서 델보예의 작품은 나폴레옹 3세의 아파트(루브르 박물관의 장식예술관)에 원래 전시되어 있던 인테리어처럼 통일감 있게 연출되었다. 페르시아 카펫을 씌운 폴리에스터 돼지는 상상된 중국의 예술에 열광하던 유럽의 시누아즈리chinoiserie나 오스만투르크 문화를 자의적으로 취하던 튀르케리turquerie 취향을 사정없이 비틀며 유럽 중심의 오리엔탈리즘과 편협한 이국취향을 비판했다. 델보예는 이 연작에 〈테

빔 델보예, 〈Mughal Jail, Kashahn,Tabriz〉, 2010, 120×25×60, 70×25×50, 95×37×58.

피스더미Tapisdermy〉라는 제목을 붙였는데, '박제'라는 의미의 'taxidermy'와 '직물'이라는 뜻을 지닌 'tapestry'를 합쳐 작가가 새로 만든 단어다.

이에 앞서 시도된 델보예의 아트 팜 프로젝트는, 채식주의자인 델보예가 공장에서 사육되어 도살장으로 향하는 식용 가축들에게 보내는 온정주의적 시각을 다소 모순적으로 시각화한 작업이다. 도살된 돼지의 가죽을 얻어 거기에 문신을 하는 것으로부터 시작해 문신한 돼지들을 사육하는 것으로 발전한 작업으로, 델보예는 1990년 벨기에에서 처음 시작하여 이후 중국 베이징 외곽 양젠에 마련한 '예술농장Art Farm'에서 이 작업을 이어 간다. 그는 이 농장에서 자란 수십 마리의 돼지 등에 루이비통이나 할리데이비슨 같은 브랜드 로고, 디즈니 애니메이션 캐릭터, 일본 만화 주인공 같은 대중문화에서 차용한 요소와 종교적 도상에 이르는 심벌을 변형해 문신으로 새겼다. 돼지에 문신을 하는 과정에서 델보예는 돼지의 고통을 덜고자 돼지의 피부에 국소마취를 하고, 이렇게 사육된 돼지들은 도살하지 않고 자연사할 때까지 최선의 환경을 제공하는 것으로 알려져 있다.

벨기에 내에서 동물을 학대한다는 비난 여론에 시달려 벨기에에서 공식적으로 금지·축출되었다는 이야기도 있지만, 델보예가 밝힌 바에 따르면 벨기에 정부와는 어떤 문제도 없었다고 한다. 단순히 중국에서 무언가를 하고 싶었기 때문이라고 가볍게 이야기하지만, 사실 그 자체가 신자유주의적 국제 경제질서와 혼종의 모빌리티를 그대로 투영하는 행위다. 서로 다른 문화와의 결합과 수용은 이제 피해 갈 수 없는 현실이다. 지구촌 시대의 혼종/혼성성은 다문화주의와 같은 문화 신조어를 출현시켰고, 오리지널이 어디서 왔든지 간에 번역/번안/전이/전유의 과정은 끊임없이 반복되고 있다. 자본의 흐름에 따라 필연적으로 가속화되는 모빌리티에 자동으로 동반되는 상호연결, 가까움의 감정은 불안의 관념 역시 초래한다. 혼종성 hybridity, 혼혈métissage, 크리올화 등의 단어는 '오염시키는 것', '위협적인 것'에 대한 정서적 불안감도 반영한다.

이처럼 델보예는 어울릴 것 같지 않은 요소들을 한데 불러 모아 단순한 공존의 차원을 넘어 또 다른 무언가를 만들어 내는 방식으로 혼종적 정체성을 추구한다. 오래된 정체성과 집단 기억을 활용하며 새로운 문화 형식과 참신하고 창조적인 정체성을 어떻게 만들어 낼 수 있는지를 보여 주는 것이다. 델보예는 고급과 저급, 전통과 혁신, 숭고와 세속, 종교와 과학, 아름다움과 추함, 장식성과 기능성의 대비가 과연 무엇이냐는 질문을 던진다. 하찮은 것들을 섬세하고 자극적으로 변신시키는 그가 노리는 건 '불변' 개념이다. 모든 것은 변하고, 그렇기에 아무것도 아니며 동시에 모든 것이다.

이항적 대비를 거부하고 시대와 장르를 넘나들며 거침없이 내달리는 빌 델보예의 작품 속, 모빌리티는 유희다.

15

모빌리티는 생활이다

수보드 굽타Subodh Gupta(인도, 1964~) 〈Bullet〉, 2007, 112×230×40.

정체성은 때에 따라 강해지거나 약해져서 종잡기 어렵다. 정체
성은 합쳐지고 수렴하며 사라졌다가 나타나고 스러졌다가 다
시 구성되며 후퇴했다가 우회하고 전진한다. 수보드 굽타는 문
화적 정체성을 포착하고 그 다양한 맥락을 포착하기 위해 일상
의 단면을 추출하여 내보인다. 그는 '가장 일상적인 것이 가장
신성하다'는 확고한 가치관과 함께 인도의 모든 가정에서 볼 수
있는 스테인리스 스틸 부엌용품, 황동제 고물 식기, 힌두 문화

를 반영하는 소 배설물이나 우유 같은 소와 관련된 성물聖物들을 활용하여 작업한다. 지극히 일상적이고 종교적이며 지엽적인 기호들은 급속한 경제성장과 빠른 서구화라는 인도의 현 주소를 보여 주는 동시에, 자신의 식민지 정체성의 다양한 양상을 탐구한다.

로얄 엔필드Royal Enfields는 19세기 후반 영국 빅토리아 여왕 시기에 설립되어 제2차 세계대전 이후 인도 육군과 경찰이 가장 많이 이용한 역사적인 모터사이클 회사다. 이 회사는 인도에 공장을 짓고 운영하다 영국 경제의 하락으로 인도 자회사에 매각되었는데, 이후 13억 인구에 달하는 인도의 거대한 시장을 바탕으로 가장 대중적인 교통수단으로 자리 잡았다. 이를 통해 영국으로 역수출까지 하는 아이러니한 문화전복 현상의 아이콘이 되었다. 굽타는 로얄엔필드사의 가장 오래된 제품인 불릿 bullet을 브론즈로 캐스팅한 뒤, 크롬으로 정교하게 도금한 우유병들을 매달아 놓았다. 물과 우유를 가득 싣고 양쪽의 균형을 맞추기 위해 뒤뚱거리며 매캐한 인도의 도심을 질주하는 오토바이들이 견고하고 값비싼 재료로 만들어져 외국의 전시장에 덩그러니 전시되었다. 이 작품은 화려한 경제발전에도 가난에서 벗어나지 못한 대다수 인도인들의 삶에 대한 안타까움과 매일 반복되는 일상 풍경에 대한 경외의 시선이면서, 동서양 문화가 혼재된 양상을 보여 준다. 굽타의 말에 따르면, "자전거는 도시의 기계화된 소와 같다." 운송 수단을 청동으로 주조하는 것은 인도의 조각 전통을 존중하는 행위이자, 인도 전역의 사원에서 숭배되는 우상의 변형이기도 하다.

수보드 굽타는 인도성을 상징하는 이미지, 레디메이드 오브제들을 사용하여 드라마틱한 기념비적 조각들을 만들어 전 세계인의 주목을 받았다. 정체성, 고향, 종교의식은 굽타의 작업에서 되풀이되는 라이트모티프leitmotif다. 초창기 비디오 작업 〈순수〉(1999)에서는 소 배설물을 몸에 문지르면서 마을의 기억에 대한 시각적 기호로 소똥을 소환, 정화와 차별에 대한 의문을 제기한다. 〈비하리Bihari〉(1999)에서는 소똥이 묻은 종이로 자신의 정체성과 고향을 기념하는가 하면, 〈우리 가족의 초상〉(2013)에서는 중산층 가정에서 흔히 볼 수 있는 부엌 선반 위에 세심하게 계획된 주방 설비를 설치한다. 위대한 예술은 창밖을 내다보거나, 점심을 먹거나, 계단을 내려가는 것과 같은 평범한 것을 취하고 우리가 그것을 새로운 방식으로 볼 수 있게 하여 우리 일상을 풍요롭게 한다. 동시에, 예술은 우리가 결코 파악할 수 없는 압도적인 삶과 죽음에 대한 우리의 경험을 심화

수보드 굽타, 〈가족의 초상Family Portrait〉, 2013,
134×185×65.

시킨다. 굽타의 작품은 다른 사람들을 더 깊이 이해하도록 도
와준다. 인도에서 수백만 명의 음식과 음료를 운반하는 데 사
용되는 평범한 물건이 용접을 거쳐 거대한 설치작품으로 탈바
꿈되면서 여러 개의 강력한 하위 텍스트를 획득한다. 우리가
만약 실물 크기의 힌두교 여신상과 마주한다면 각자의 종교와
상관없이 초자연적 존재를 느낄 테지만, 이 여신상이 네온 조
명이나 백열등과 병치되면 이 초자연적인 비전은 현실의 일상
적인 면과 결합된다.

인도의 일상생활에 대한 진부한 이미지를 의식적으로 재생하는 굽타는 본인의 유년 시절에서 영감을 얻는다. 인도에서 범죄율이 가장 높고 가난한 동네인 동인도의 비하르주에서 태어난 굽타는 철도원 아버지와 불교를 신봉하는 어머니 밑에서 어린 시절을 보냈다. 그는 작품을 통해 오늘날 인도에 존재하는 전통과 급격한 서구화 사이의 간극을 드러내어, 가속화되는 중산층의 부의 축적과 그와 달리 심화되고 있는 하층민의 경제적 박탈감에 대한 우려를 시사한다. 굽타가 인도의 과거와 현재를 동시에 환기하기 위해 사용하는 소재는 스테인리스 스틸로 만든 주방 도구와 식기다. 인도의 평범한 주방에 놓인 도구들의 스케일 왜곡은 초현실적인 존재감을 만들고, 문맥에서 벗어난 장소에 놓이면서 일상을 교란하여 경제, 문화, 정치의 복합 영역이 되어 버린 일상적 공간의 실재적 이미지를 목도하게 한다.

특히 수보드 굽타는 '음식'이 이동하는 수단과 그에 따른 문화의 전도현상에 지속적인 관심을 보여 왔다. 도시락통을 자전거에 싣고 출근하는 아버지와 갠지스 강물을 양동이에 담아 들고 오던 어머니, 우유병을 잔뜩 싣고 거리를 돌아다니던 릭샤꾼은 작가의 유년 시절 기억일 뿐 아니라 지금도 인도에서 흔히 볼 수 있는 풍경이다. 음식과 소비를 다룬 굽타의 작품들은 문자 그대로의 '운송'을 통해 과잉과 박탈, 욕망과 통제 사이에 매혹적인 긴장감을 조성한다.

'프롤레탈리아 실버', 스테인리스 스틸을 시각적 커뮤니케이션의 주된 상징으로 사용하는 굽타는 평범하고 단순한 일상적인 도구와 장엄함을 결합하여 새로운 이야기를 전달한다. 힌디어로 할아버지를 뜻하는 〈다다Dada〉(2010~2013)는 20세기 초반의 아방가르드 운동에 대한 언급일 뿐 아니라, 뱅갈고무나무banyan tree에 대한 인도적인 비유를 통해 인도 사회의 뿌리 깊은 부계 전통에 의문을 제기한다.

스테인리스 스틸은 그 자체로 인도의 근현대사를 압축하는 소재다. 주석이 많이 함유되어 부서지기 쉬운 청동을 대체한 스테인리스 스틸은 1950~60년대 인도에서 사용된 주방과 식기를 송두리째 바꾸어 놓았다. 구리나 황동보다 내구성이 뛰어나고 변색에 강하며, 식품에 사용할 때 별도로 코팅을 할 필요가 없는 스테인리스 스틸은 점점 더 현대화되어 가는 사회에서 사람들의 니즈를 충족시켰다. 독립된 인도의 초대 총리가 된 자와할랄 네루Jawaharlal Nehru는 첫 5개년 계획에서 국가의 주요 부문, 인프라, 산업 및 경제를 변화시킬 토대를 마련했다. 소련이 국가경제를 조직화하기 위해 취한 방식을 모델로 한 그의 계획은 전국의 생활 조건을 개선하는 데 주안점을 두었다. 네루는 철강을 국가의 통제 하에 두고 최초의 공공부문 철강공장을 세워 '근대 성의 사원'이라고 불렀다. 이로써 반짝거리는 인도의 주방과 식 당은 현대적인 국가 정체성과 얽히게 되었고, 인도가 급속한 발 전을 거듭하면서 이는 더 심화되었다. 전국적으로 중산층이 극적 인 규모로 성장했고, 델리와 뭄바이, 콜카타 같은 도시는 더 분주 해졌다. 스테인리스 소재의 일상용품으로 만들어진 굽타의 대형 조각은 이러한 도시의 상징적인 이미지와 평행을 이룬다.

　뒤샹과 마그리트에 대한 오마주이기도 한 〈이것은 분수가 아니다This is Not a Fountain〉 역시 인도 가정에서 흔히 쓰이는 수천 개의 헌 놋그릇과 요리 도구들로 만들어졌다. 쓰다 버린 주방 도구를 쌓아 올린 더미 위로 솟아 있는 스무 개의 수도꼭지에 서 물이 콸콸 쏟아지는 이 작품은 생명의 근원인 물조차 함부 로 마실 수 없게 만든 계급사회에 대한 서글픈 은유이자 희망 의 상징물이다. 세상의 모든 것을 정淨과 부정不淨의 논리로 나 누는 힌두교의 기본 교리는 카스트 제도Caste와 만나며 인도의 독특한 문화적 가치관을 형성했다. '부정한 것은 쉽게 오염된 다'는 힌두교의 명제는 '정결한 정도'에 따라 사람을 등급별로 나누었고, 계급의 이동과 상승을 막는 상류층의 권위를 보호하

수보드 굽타, 〈이것은 분수가 아니다This is Not a Fountain〉, 2011~2013, 165.1×482.6× 784.86, Albright_Knox Art Gallery, New York.

는 장치로 작용했다. 스테인리스 스틸 그릇이 인도의 가장 대중적인 식기로 자리 잡은 이유도, 기존에 사용하던 질그릇이나 토기 그릇은 수분을 흡수하는 성질 때문에 다른 사람(특히 낮은 계급 사람)의 타액이 묻어 불결하다고 여긴 탓이다.[1]

〈나와 함께 날아가자Fly with me〉(2006) 역시 인도 현대사의 서

---

1 아라리오갤러리 상하이 개관전 수보드 굽타 보도자료(웹사이트). http://demo.arariogallery. com/common/up_images/Exhibitions/pdf/exh_pdf_korea_232.pdf (2020.12.03)

늘한 압축이다. 알루미늄 수하물 선반, 여행가방, 두루마리 침구 및 의사용 가방이 마치 휴대품 보관소나 분실물 센터에 있는 것처럼 쌓여 있는 이 작품은 여행이라는 이동 행위와 관련이 있다. 이 작업 역시 인도가 독립할 즈음인 1947년에 국가 전역에서 1,400~1,500만 명이 이주하게 된 경험과 연결된다. 굽타가 태어나기 20년쯤 전에 이루어진 이 이주는 세계 역사상 가장 큰 규모의 이주였다. 1947년의 대이동은 많은 인도인의 삶에 영향을 주었다. 낯선 곳에서 꾸는 새로운 꿈. 〈모든 것은 안쪽에 있다Everything is inside〉(2004)나 〈배가 싣고 있는 것을 강은 알지 못한다What does the vessel contain, that the river does not〉(2012)와도 연결되는 이러한 작업은 학업이나 일을 위해 농촌에서 도시로, 또는 해외로 나가는 인도인의 모빌리티와 디아스포라에 대한 언급이기도 하다.

호미 바바는 《문화의 위치The Location of Culture》(1994)에서 식민화의 결과 중 하나가 식민지시대의 권위를 가시적으로 부여한다거나 원주민의 전통에 무언의 억압을 가하는 것이 아니라 혼성화를 생산하는 것이라고 주장한다.[2]

---

2 휘트니 채드윅, 《여성, 미술, 사회》, 김이순 옮김, 시공사, 2006, 536쪽.

수보드 굽타, 〈모든 것은 안쪽에 있다Everything is inside〉, 2004.

수보드 굽타, 〈배가 싣고 있는 것을 강은 알지 못한다What does the vessel contain, that the river does not〉, 2012.

문화는 원래의 형태를 온전히 유지하거나 역사적으로 불변하는 것이 아니다. 나타나고 다시 등장하며, 일부를 교환하고, 밀려가거나 흡수된다. 모든 이들에게 가장 근본적인 먹는다는 행위를 통해 굽타는 역설적으로 차이와 위계를 이야기한다. 사회적·문화적 차이를 만드는 과정은 셀 수 없이 많으나, 제국주의는 다름을 합리화하고 강화하고 재현했다. 근대 초기의 접촉에서 '자기'와 '타자'가 구분되었고, 경계가 상상·형성·위반되었다. 식탁은 수천 킬로미터 떨어져 있는 장소들에서 생산된 먹거리들이 한데 모인 만화경이자, 성스러움과 세속성이 엇갈리는 판이다. 15세기 이후 탐사, 정복, 무역, 정착의 모빌리티는 세계의 다른 부분이 그려지고, 이해되고, 실행되는 방식을 조형했다.[3]

먹다 남은 음식 찌꺼기가 담긴 굽타의 식탁은 고풍스러운 금장 액자 속에서 묘한 성스러움을 뿜어낸다.

이토록 익숙하고 이질적인 공간. 매일의 부엌에서 시작하는 굽타의 작품 속, 모빌리티는 생활이다.

---

3 피터 애디,《모빌리티 이론》, 최일만 옮김, 앨피, 2019, 95쪽.

16

모빌리티는 탈출이다

할릴 알텐데레Halil Altindere(터키, 1971~), 〈코프타 항공Köfte Airlines〉, 2016, 가변 크기.

모빌리티는 우리 삶의 기회를 형태 짓는다. 사실 모빌리티에 대해 이야기한다는 것은 부동성에 대해 이야기하는 것이다. 모 빌리티와 부동성은 결국 모빌리티 격차라는 불평등을 향한다. 우리 세계의 거대한 고정성은 모빌리티 없이는 만들어질 수 없 다. 모빌리티는 가장 완강하고 지속적인 대상을 건설하고 유지 하는 이동적 노동력으로 체화되어 있다.[1]

---

1 피터 애디, 앞의 책, 28쪽.

모빌리티 연구는 모빌리티를 관장하는 체제에 관심을 가진다. 즉, 이동적 주체가 이해되고 취급되고 명명되는 방식을 형태 짓는 방식에 대한 관심이라고 할 수 있다. 누가 자유롭게 움직이고 누가 그렇지 못하는가? 어떻게 누군가가 지구상의 어디에 거주하느냐에 따라 떠나거나 여행하는 능력이 제한되는가? 어떻게 어떤 사람들의 움직임이 다른 사람의 부동성에 근거하는가? 오늘날 박해와 내전을 피해서, 또는 더 나은 삶을 찾아서 에게해나 지중해를 건너다 오도 가도 못하게 되거나, 좌초되거나, 익사하는 이주자들의 곤경은 어떻게 일상적인 부동성이 누군가에게는 인생을 건 기회가 될 수 있는지를 증명한다.[2]

이주노동자들의 순환적 모빌리티는 국경수비대, 울타리, 감시카메라 형태의 검문으로 드러난다. 인종은 지구촌화된 세계 속에서 나의 모빌리티를 결정한다. 동시대의 사회적 이슈를 풍자적이고 유머러스하게 다루는 할릴 알틴데레의 〈코프타 항공 Köfte Airlines〉은 자유에 대한 개념과 함께하는 필연적 동반자로 간주되어 온 빠른 모빌리티를 엘리트의 전유물로 축소시키는 것은 너무 단순한 접근 방식임을 역설한다. 실제 뉴스 장면과

---

2 피터 애디, 앞의 책, 75쪽.

연출된 장면을 분간하기 어려울 정도로 연결시키는 그의 작업은 하위문화와 사회적 마이너리티의 상황을 한데 묶는다. 작품 제목에 들어 있는 '코프타'는 다진 고기나 채소 등을 둥글게 빚어 만드는 중동의 요리 이름이지만, 케밥과 더불어 독일로 이주해 온 터키 사람들의 문화적 정체성과 그들이 유럽 사회에서 차지하는 경제적·사회적 지위를 상징하는 단어이기도 하다.

'코프타' 항공 비행기 위에 올라 앉은 난민 그룹은 수많은 난민들이 매일 떠나야 하는 위험한 여정을 언급한다. 많은 시리아 난민들이 더 나은 삶을 찾고자 지중해와 에게해를 건너 유럽으로 위험한 여행을 떠났다. 많은 사람들이 이 과정에서 목숨을 잃었고, 일부는 살아남았다. 이를 통해 알틴데레는 난민에 대한 EU 정책을 직접적이고 공개적으로 비판하고, 선진 세계의 위선적이고 민족주의적인 민낯을 보여 준다. 예술과 대중문화는 전 세계의 난민 문제에 어떻게 반응해야 하는가? 시각예술 이미지는 이주, 무국적자, 국경 횡단의 다양한 경험을 어떻게 전달할 수 있는가? '위기 상황' 또는 '긴급 상황'의 틀을 벗어난 난민 이야기를 어떻게 재고할 수 있을까?

알틴데레는 디아스포라diaspora 문제를 꾸준히 탐구한다. 현대예술에서 디아스포라는 중요한 연구 주제로서 이산과 이민, 난

할릴 알틴데레, 〈고향Homeland〉, 2016, HD Video.

민, 젠더의 문제 등을 활발히 제기하며, 오늘날의 예술적 담론을 형성하는 데에 큰 역할을 하고 있다. 1990년 중반 이후부터 미국과 소련의 냉전 체제가 붕괴되며 세계는 새로운 가치 체계와 사상의 정립을 부르짖으며 세계화를 가속화했고, 그 과정에서 디아스포라는 이동과 이주, 경계를 넘는 자들, 국경과 민족에 대한 새로운 이데올로기적 접근으로 현대미술을 해석하는 새로운 키워드로 자리 잡았다. 물론 디아스포라 개념 자체는 1990년대에 새롭게 제시된 것이 아니다. 본래 디아스포라는 6

세기 유대인들이 로마의 박해를 피해 흩어진 이산을 의미한다. 디아스포라는 고대 그리스인들이 발전시키고, 유대인들이 당대의 요구에 맞춰 다듬고 적용한 개념이다. 관습적으로 이 말은 추방과 상실의 역사, 흩어진 집단 구성원들끼리의 연대의식을 가리키는 데 사용되었다.[3]

이처럼 디아스포라의 의미는 '흩뿌리거나 퍼트리는 것'을 뜻하는 그리스어에서 유래했으나, 현대에 들어서는 전쟁과 식민, 불안정한 정치사회 등 여러 이유로 한곳에 정착하지 못한 채 여러 나라를 떠돌아다니는 이들을 지칭하며 그 의미가 확대되었다. 디아스포라 개념은 사람들의 이동이 잦아진 세계, 소속감과 소외감, 고향과 타지, 정치적 포용과 사회적 배제의 세계를 포착한다. 통합과 고향에 대한 애착이라는 양극 사이에는 국가를 뛰어넘는 수많은 행위들이 존재한다.

어떤 사람을 이해하는 데 정체성은 도움을 준다. 어떤 정체성이 사회에서 다뤄지는 방식은 그 정체성을 지니고 살아가는 사람의 경험을 그의 맥락에서 이해하는 실마리가 된다. 알틴데레의 〈고향Homeland〉은 시리아 래퍼이자 활동가인 아부 하자르

---

3 로빈 코헨, 앞의 책, 17쪽.

할릴 알틴데레, 〈고향Homeland〉, 2016, HD Video.

Abu Hajar와 함께 작업한 영상 작품이다. 시리아 난민들이 시리아를 탈출해 독일로 가는 여정을 따라가는 이 작품은 실제 다큐멘터리 영상과 허구적 연출을 뒤섞어 현실 비판이라는 단순한 시각을 넘어서는 중층적 텍스트를 만들어 낸다. 체조처럼 보이는 동작들, 래퍼의 제스처, 아크로바틱한 몸짓 등 다양한 신체 동작들이 무용과 르포르타주의 경계선에서 작동한다. 이 과정에서 작가는 힙합 가수 등 타 장르 예술가들과 함께 작업하면서 일방적이지 않은 상호적 관계를 형성한다. 이 점은 알틴데레의 작업에서 중요한 의미를 갖는데, 이 행위자들이 작업의 대상이 아닌 주체가 되어 작가와 동등한 위치에 서는 것이 작품의 주제이기도 하기 때문이다.

사실주의와 유머가 결합된 〈고향〉은 터키와 독일에서 촬영되었다. 터키를 비롯한 전 세계를 뒤덮은 난민 문제를 해결하기 위해 실제 장면을 기반으로 한 장면을 합성하여 제작되었다. 작품은 지뢰로 뒤덮인 지역을 가로질러 국경을 넘고 울타리를 넘기 위해 특별한 과업을 수행하는 난민들의 이미지로 시작된다. 어디까지가 뉴스 영상이고 어떤 것이 연출된 영상인지를 명확히 구분하기란 거의 불가능하다. 이 비디오는 고급 휴양지 장면을 포함하기도 하고, 에게해를 통해 발칸반도까지 가는 여정을 강조하기도 하면서 트로이, 메두사 등 오래된 신화 이야기를 현대적으로 해석한다.

알틴데레는 정형화된 난민 이미지와 서사에서 벗어나고자 한다. 그의 시도는 최근 시각예술 영역에서 등장하고 있는 기존의 낡고 견고한 난민 이미지의 주변부를 확장하는 예술적 실천의 하나로 볼 수 있다. 흔히 우리는 난민을 타자로 설정하고 인권을 도덕화하여 저항의 선을 불분명하게 만든다. 심사 주체의 권한은 커지고, 난민의 말은 심사 규범에 맞춰 재단되며 혐오 발언 속에서 무음 모드로 변환된다. '난민다운 차림'이라는 고정된 사고에 사로잡힌 난민의 정의는 난민뿐 아니라 인종, 민족, 성적 정체성 또한 생물학적으로 고정된 것이 아닌 권력의 배치의 산물임을 보여 준다. 자국을 남기고 좌표를 찍는 행위 속에는 '무엇다움'이라는 영역 안에 좁게 접힌 이미지, 각각의 정체성을 '무엇다움'에 구속하는 인식과 논리가 존재[4]하는 것이다.

알틴데레의 작업은 '난민' 이미지의 바깥을 열어 내는 작업이다. 자발적인 이동과 비자발적 이동 사이의 모호한 경계를 유영하며, 누구나 자신이 원하는 모습으로 살아갈 수 있는 사회를 향해 한 발짝 나아가자는 성명이기도 하다. 그는 무겁고 엄숙한 방향성을 덜어 낸 방식으로 난민 문제를 다룬다. 진지하고 시급한 현실의 문제를 일종의 무중력상태의 헤테로토피아 heterotopia에서 펼쳐 보인다. 헤테로토피아는 '다른hetero'과 '장소topos'의 합성어로, 푸코가 '다른 공간들에 관하여'란 글에서 미완으로 남긴 개념이다. 그에 따르면, 근대의 공간적 이상인 유토피아의 배치 원리를 사회 내부에 실재하는 장소로부터 확인할

---

4 전솔비, 〈접힌 이미지의 바깥을 펼치며〉, 김기남 외, 《난민, 난민화된 삶》, 갈무리, 2020, 216쪽.

수 있는 곳을 뜻한다. 현실에 존재하는 장소이면서 모든 장소들의 바깥에 있는 반反 공간을 의미한다고 볼 수 있다. 신혼여행지, 놀이공원, 다락방 같은 헤테로토피아는 모든 문화와 사회에 존재하나 그 존재 방식이나 작동 방식은 다양하고 시대에 따라 변화한다.[5]

알틴데레의 〈우주 난민Space Refugee〉(2016)은 난민들을 위한 기이한 유토피아의 거울상을 연출하여 보여 준다. 커뮤니티의 안전이라고 하는 유토피아의 이상이 헤테로피아 내부에 존재하는 이들에게는 적용되지 않는다. 난민들의 천국, 우주는 탈문화deculturation된 공허의 공간이다. 알텐데레는 장소site가 없는 장소place를 창출하는 거리두기의 시선을 환유하는 공간[6] 이미지를 연출한다.

〈우주 난민〉은 베를린 현대미술관Neuer Berliner Kunstverein을 위해 기획된 프로젝트로, 이민자에 대한 유럽의 방어적인 입장을 에둘러 겨냥하며 난민을 위한 대안적 공간으로 우주를 제안한다. 이 프로젝트에서 중요하게 다뤄지는 부분은 1987년 소련

---

5   김세원, 〈데이터교와 디스토피아, 헤테로토피아, 유토피아〉, 《에너지경제》, 2017년 11월 14일자.

6   정훈, 앞의 책, 81쪽.

할릴 알틴데레, 〈우주 난민Space Refugee〉, 2016.

할릴 알틴데레, 〈우주 난민Space Refugee〉, 2016.

우주선 소유즈 TM-3를 타고 7일 동안 우주정거장 '미르' 여행
을 다녀온 시리아 최초의 우주비행사 무함마드 아메드 파리스
Muhammed Amed Faris에 관한 영상이다. 한때 소비에트 연방의 영

웅이자 시리아 아사드Assad 정부에 맞서 민주화 운동을 했던 이 남성은, 2012년 터키로 망명하여 현재 이스탄불에서 난민으로 살고 있다. 알틴데레는 사회주의 리얼리즘 예술을 미학적으로 차용하여 한 우주비행사에 대한 영웅적인 묘사를 시도한다. 성자처럼 표현된 초상사진, 사실적으로 제작된 실리콘 흉상, 다큐멘터리 비디오로 이루어진 의도적이고 작위적인 영웅화와 함께 난민을 위한 우주 미션을 담은 비전이 병치된다. 가상의 우주 '팔미라'에서의 임무를 위해 특별히 고안된 우주복과 행성 탐사선, 가상현실 비디오는 여전히 공고하게 남아 있는 위계와 차별에 대한 통렬한 비판이다.

알틴데레는 예술가, 큐레이터 및 에디터로서 1990년대 터키의 문화적 각성에 실질적으로 참여한 예술가 세대에 속한다. 그의 예술적 실천은 터키의 사회정치적 개혁, 문화적 해방의 촉진, 국가 주도의 억압적이고 민족주의적 발전에 대한 반대를 지향한다. 그의 작품은 군사기구와 정부 정책은 물론이고 터키 내 가부장제와 민족주의적 구조에 대한 직접적이고 공개적인 비판으로 큰 주목을 받고 있다. 이주, 정체성 및 성별에 대한 질문과 함께 현대 서양미술운동이 터키의 동시대 예술에 끼친 영향을 탐구하는 알틴데레는, 사회 전반에 대한 비평가로서 예술가의 역할을 강조한다. 우리는 현실을 잘 보고 있다고 생각하지만, 실제로는 이미지로 재현된 현실을 보고서야 그것이 어떤 모습인지를 깨닫는다. 또한 우리는 이미 학습된 여러 정보와 지식을 통해 무언가를 상상하며, 무엇보다 익숙한 스크린을 거쳐 그러한 상상을 구체화하는 세계 속에서 살아가고 있다.[7]

알틴데레는 스크린을 통해 어디에도 속하지 못하는 모호한 정체성 문제로부터 시작되는 새로운 디아스포라에 대한 질문을 던진다.

소속 불가능의 은유를 통해 '구성된 우리'에 대한 질문을 던지는 알틴데레의 작품 속, 모빌리티는 탈출이다.

---

7 이지은 · 전솔비, 〈난민×현장 : 해보지 않았다면 몰랐을 일들〉, 김기남 외, 앞의 책, 266쪽.

17

모빌리티는 폭력이다

아델 압데세메드Adel Abdessemed(알제리, 1971~), 〈잠금 해제Unlock〉, 2018.

과거에 비해 오늘날의 사회에서 사는 것은 어렵다. 우리는 두려움의 분위기 속에서 항상 경계해야 한다. 테러에서부터 자연재해, 질병에 이르기까지 우리가 보고 듣는 모든 것이 매우 폭력적이다. 폭력의 해석은 우리가 그것을 보는 방식에 의해 암시된다. 포스트모더니즘 비평가 빅터 버긴Victor Burgin은 예술가는 혼란스런 외양의 진실을 볼 수 없는 이들을 위해 진실을 발견한다고 했다.[1]

---

1   Victor Burgin, "Photography, Phantasy, Function", In Victor Burgin,(ed.), *Thinking Photography*,

예술가들은 일상에 존재하는 보이지 않는 삶의 이면을 가시화하고자 노력한다. 알제리 출신의 프랑스 작가 압델 압데세메드는 드로잉에서 영상으로, 조각에서 설치를 넘나들며 현재의 상처를 탐구한다.

압데세메드는 베르베르족 출신으로 알제리 콘스탄틴에서 태어나 바타나 미술학교와 알제의 국립 미술학교에서 공부했다. 그가 학생이었던 1992년, 알제리에서 군사 쿠데타가 일어나 10만 명이 넘는 사람들이 목숨을 잃었다. 그는 직접적으로 폭력을 경험했고, 특히 그가 많은 영향을 받았던 미술학교장 야흐메드 아살라Ahmed Assalah와 그의 아들이 교내에서 살해된 후 그는 알제리를 떠나 프랑스로 왔다. 이후 압데세메드는 리옹에서 학업을 마치고 5년을 보낸 후 파리로 이주하였고, 뉴욕에서 베를린으로, 다시 파리와 뉴욕으로 향하는 일련의 순례를 시작했다. 알제리에서 발생한 수년간의 폭력과 그 잔상은 예술에 대한 압데세메드의 접근 방식을 형성했는데, 그는 자신이 목격한 잔인함을 예술적으로 묵상함으로써, 갈등을 겪으며 살아가는 개인적 · 집단적 외상에 초점을 맞춘다. 그의 작품은 폭력,

London : Macmillan Press Ltd., 1982, p. 215; 정훈, 앞의 책, 93쪽에서 재인용.

희생, 보편적 잔인함, 그리고 전쟁으로 촉발된 소외를 지속적으로 다룬다. 압데세메드는 예술을 통해 폭력에 대한 저항감을 불러일으키고자 시각적 긴장을 유도하여 그들의 진정한 의미를 인식하게 하고 이 주제에 적극적으로 개입한다.

〈잠금 해제Unlock〉(2018)는 형태 그 자체로 연극적 분위기를 연출한다. 거대한 원형 고리 모양을 한 납작한 중고 헬리콥터가 전시장 한 가운데에 놓여 있고, 하얀 벽에는 뭉쳐진 피의 격자처럼 보이는 것이 다양한 패턴으로 걸려 있다. 이 작업은 현재의 사회정치적 사건이 어떻게 공포와 폭력을 유발하는지에 대한 오랜 성찰의 결과물이다. 작품의 제목은 디지털 시대의 데이터 보호 및 코드 개념을 언급하는 용어이고, 헬리콥터는 군사 및 감시 엔진으로서의 기능과 독점적인 여행 수단을 암시한다.

이 작품은 〈부렉Bourek〉(2005), 〈모전자전Telle mère tel fils〉(2008)과 같이 비행기를 반으로 접고 뒤틀어서 휴지 조각으로 만드는 일련의 유사한 작품에서 탄생했다. 압델세메드는 이렇게 동일 주제의 다른 작품을 시각적으로 변형하여 종종 관람자를 당혹스럽게 만들고 자신의 인식에 의문을 제기하는 드라마를 연출한다. 압델세메드는 폭력 상황이 기만적인 시뮬레이션이라는

아델 압데세메드, 〈모전자전Telle mère tel fils〉, 2008, 400×2700×500.

것을 환기시키기 위해 영화의 특수 분장에 사용되는 액체로 피 그림을 그린다. 그는 폭력과 현실에 대한 우리의 인식에 질문을 던지며, 우리 사회에 존재하는 '폭력', 즉 우리가 인지하고 있지만 별로 개의치 않는 무수한 '폭력'들을 재조명한다.

〈하비비Habibi〉는 '공중에 떠 있는' 거대한 조형예술 작품이다. 유리섬유로 만들어진 총 길이 17미터의 인간 골격 모형에 비행기 엔진을 설치한 작품으로, 압델세메드는 이 작품을 통해 국제적인 예술가 반열에 올랐다. 작품명 하비비는 '내 사랑'이라는 뜻의 아랍어이다. 작가는 〈하비비〉를 자화상이라고 표현한다. 계속해서 앉아 있는 로댕의 〈생각하는 사람〉이나 동양의

아델 압데세메드, 〈하비비Habibi〉, 2003, 2100(l).

부처상처럼 정적으로 명상에 잠겨 있는 것이 아니라, 머릿속의 생각이 언제든지 인식계 바깥으로 이류하거나 떠오르는 것과 같은 형태로 내재되어 있다고 이야기하는 듯하다. 이러한 성찰의 주제가 삶과 죽음이라는 것은 해골 형태로 표현된 작품에서 느낄 수 있다. 특히 프로펠러를 함께 설치함으로써 이러한 생각들이 강렬한 추진력을 가지고 있음을 나타낸다.

압델세메드의 작품은 도전적이고 도발적인 동시에 삶의 취약성을 구현한다. 다소 어려운 주제와 사회적 금기를 다루는 그는 여타 동시대 아프리카 작가들과 마찬가지로 디아스포라

아델 압데세메드, 〈희망Hope〉, 2011~2012, 205.7×579.1×243.8.

와 직접적인 대면하고자 한다.

　〈희망Hope〉은 식민주의가 낸 잔혹한 상처의 결과인 쓰레기를 싣고 포스트식민주의 시대에 삶을 찾기 위해 다시 제국을 찾아 헤매는 난민을 실은 난파선의 모습을 표현했다. 난민 보트를 소재로 한 이 작업은 난민과 영토 문제를 전 지구적인 문제로 확장시키며, 여기에 더해 환경과 소비 문제를 다룬다. 카스파르 프레드리히Caspar Friedrich의 〈희망의 난파선〉에서 영감을 받은 압델세메드는 실제의 플로리다의 난민 보트를 가져와 작업했으며, 폴리우레탄 수지로 주조된 검은색 봉투로 보트를 채

아델 압델세메드, 〈비명Cri〉, 2013, 155.4×132.

였다. 반쯤 기울어진 푸른빛의 보트에는 무엇인가를 담아 놓은 듯한 검은 봉지들이 가득 실려 있다. 압델세메드는 내전 혹은 빈곤을 피해 배에 올라탄 난민들을 쓰레기봉투에 비유하여 이들의 불확실한 운명을 고발한다. 무거운 쓰레기봉투와 녹슨 러더(방향키), 노출된 코킹 및 껍질이 벗겨진 나무 패널을 통해 환경 문제뿐 아니라 아메리칸 드림의 허상을 암시한다.

이후 압델세메드가 2014년도에 발표한 〈람페두사Lampedusa〉라는 작품 역시 지난 2013년 500여 명의 난민이 탑승한 배가 전복되어 많은 인명 피해가 발생했던 사건을 모티프로 하고 있다. 람페두사의 비극은 비단 한 번에 끝나는 것이 아니다. 하얀색 캔버스에 검은 분필로 거칠게 그려진 바다와 사람들의 모습은 그 자체로 망자를 추도하는 듯하다.

압델세메드가 만든 이미지들은 감각적이고 자극적인 것을 보여 주고자 의도한 것들이 아님에도 불구하고, 작품에 가까이 다가갔을 때 관람객들은 충격에 가까운 인상을 받는다. 작품들 하나하나가 자극적이고 폭력적이라기보다는 저마다의 작품들로부터 받은 인상과 잔상들이 관객들의 뇌리 속에 점진적으로 놀라움을 준다. 압데세메드의 작품은 전통적인 미학의 관점에서 보았을 때 반미학으로 간주되는 방식으로 충돌의 원인에 대해 질문하고, 우리 각자는 이미지의 내재성을 자유롭게 경험한다.

압델세메드는 작품에서 실제 상황, 이야기의 경험 및 관행을 재해석하여 근본적인 본질을 밝히려 하는데, 엄청난 길이의 철사를 둥그렇게 돌려 만든 〈안녕–유럽!Salam-Europe!〉(2006)의 형태는 극도로 단순하지만 아프리카와 유럽을 분리할 만큼의 거리를 느끼게 한다. 폭력과 빈곤을 피해 북아프리카와 유럽을 분리하는 철조망 울타리를 넘어 가려고 시도하는 이민자들, 또는 난민 수용소에서 포로들이 경험한 악몽들을 상기시키는 이 강렬한 물리적 존재는 여러 상상을 불러일으킨다. 자의반 타의반으로 떠나게 되는 이민과 차단된 국경, 자유의 결핍을 둘둘 말린 채 던져져 있는 철조망을 통해 보여 주는 것이다.

〈소년들Chicos〉(2015)과 같은 작품은 직접적이고 즉각적인 방식으로 극단주의적인 폭력을 다룬다. 압델세메드는 어린 소년들이 서로에게 총을 겨누면서 웃고 있는 모습을 보여 줌으로써 아름다움과 잔인함을 혼합하여 제시한다. 마치 장난감처럼 보이는 소년들의 총은 이미 일종의 게임처럼 되어 버린 우리 시대의 폭력을 에둘러 고발한다. 이처럼 작가는 무엇 하나 숨기지 않고 부끄러운 민낯을 그대로 보여 주며 전후 냉전 이데올로기라는 가면 뒤에 숨어서 가장 위선적인 모습으로 포장된 서구 세계의 잔혹하고도 냉정한 면을 고발한다. 난민 문제를 다루는 동시에 그 원인이 되는 전쟁을 추적하고, 그러한 전쟁이 발발한 근원적인 원인인 제국주의의 역사를 따져 묻는다.

〈가짜들Shams〉(2013)은 무덤을 연상시키는 점토로 조각된 거대한 공간이다. 감독관들에게 둘러싸인 채 무거운 짐을 나르고 있는 노동자들은 식민주의 시대의 노예를 상기시킨다. 작가는 이 작품을 통해 인간의 잔인성과 노동 환경에 대한 질문을 던진다. 참호와 같은 지하 광산에 있는 광부, 노동자, 군인의 점토 실루엣들은 고통, 불의의 무게, 불행, 착취, 혼란 등을 의미한다. 같은 해 제작된 〈비명Cri〉(2013) 역시 전쟁으로 인한 상실, 폭력과 고통으로 점철된 비극을 연상시킨다. 실물 크기의 조각은 한 발로 균형을 잡은 벌거벗은 소녀이다. 베트남전쟁의 참혹상을 알린 미국 기자 닉 우트Nic Ut의 유명한 사진을 바탕으로 만들어진 상아 소녀상은 섬세하고 그만큼 더 슬프다. 팔을 공중으로 들어 올리고 한쪽 다리를 구부린 채, 소녀는 눈을 감고 입을 벌린 채 비명을 지른다. 이 소녀 조각은 군인들로 가득 찬 일련의 그림들에 둘러싸여 있다. 하나의 전쟁이 끝나도 끊임없이 이어지는 또 다른 충돌을 이야기하는 것이리라.

우리에게 필요한 것은 희망이 아닌 진실이라고 이야기하는 압델세메드의 작품 속, 모빌리티는 폭력이다.

18

모빌리티는 공유다

에스더 마흘란구Esther Mahlangu(남아공, 1936~), 〈마흘란구 팬텀〉, 2017.

겨울이 되면 남아프리카공화국 은데벨레족Ndebele 여성들은 집 외관에 그림을 그리고, 구슬장식을 하며 지낸다. 이들이 오랜 세월 동안 벽장식 디자인과 구슬세공 장식을 통해 보여 준 알록달록한 색채와 패턴은 매우 다채롭다. 가하학적인 구성에 더해 꽃, 뱀, 새, 작은 동물 등을 장식에 이용한다. 가하학적인 문양은 단순한 것 같지만, 화려한 원색의 조화가 모던한 느낌도 준다. 에스더 마흘란구는 1935년에 현재 음푸말랑가Mpumalanga 지방인 미들버그 외곽의 농장에서 6남 3녀 중 장녀로 태어났다. 부족의 전통에 따라 어머니와 할머니로부터 전통적인 은데

은데벨레 가옥 장식, 2010.

벨레 벽화와 구슬세공을 배웠다.

오늘날 세계적인 예술가로 꼽히는 에스더 마흘란구의 예술적 여정 자체는 초국가적 모빌리티에 기반하고 있다. 마흘란구는 1980년에서 1991년 사이에 은데벨레 야외 문화박물관이라고 할 수 있는 보차벨로 역사 마을Botshabelo Historical Village에서 지내며 전통 예술 작업을 해 왔다. 1986년, 전세계를 돌며 새로운 전시를 준비 중이던 퐁피두센터 소속 학예 연구원들이 아프리카의 전통 예술, 문화, 농가 등을 취재하고자 가암흘랑가

kwamhlanga 및 그 주변 지역을 방문하게 되었고, 우연히 마흘란구의 집 사진을 찍었다. 이들이 준비 중이던 전시는〈대지의 마술사들Magiciens de la Terre〉전으로, 전 세계적으로 유행처럼 번지던 타자, 혼성성, 세계주의, 다원주의적 관점을 직접적으로 다루는 성격의 기획이었다.

1989년 당시 파리 퐁피두 센터의 관장이던 장 위베르 마르탱 Jean Hubert Martin의 기획으로 열린 이 전시는 이러한 1980년대의 분위기를 가장 잘 요약하며 다가올 시대의 미술에 대한 새로운 지평을 열었다. 1989년 5월 18일에서 8월 28일까지 파리 퐁피두 센터와 라빌레트La Villette 전시장에서 열린 이 전시는 여러 대륙의 서로 다른 예술을 마법처럼 긴밀하게 연결하려는 목표 아래 서구와 비서구 출신 미술가들 비중을 반반으로 맞추었다. 동시대에 활동하고 있는 작가들이 대거 참여했고, 많은 작품이 프로젝트를 위해 새로 제작되었다. 전 세계의 미술을 다룬 이 전시는 후기식민주의와 다문화주의 논쟁을 촉발하는 현대 미술의 터닝 포인트였다. 특히, 시기적으로 천안문 사태와 베를린 장벽 붕괴라는 굵직한 역사적 사건과 같은 시대를 공유한 〈대지의 마술사들〉은 서구에서 비서구 미술에 대한 관심을 증폭시키는 신호탄이 됐다. 그해 11월 베를린 장벽 붕괴는 모든 대립의 붕괴라는 상징성을 띤다. 전시가 열린 것은 1989년이지만, 기획 책임자였던 마르탱의 회고에 따르면 처음 이 전시에 관한 아이디어를 떠올린 것은 1982년 즈음이었고, 1985년이 되어 아이디어를 구체화할 수 있었다고 한다.

1980년대를 관통하는 시대정신을 응집해서 보여 준 이 전시는 다섯 개의 대륙에서 50명 이상의 작가를 초대해 지리적 · 조형적인 경계를 넘어 유기적인 응집성을 갖게 준비되었다. 유럽과 북미 출신의 유명 현대 작가 50명 외에도 작업장에서 민속적 · 종교적 · 장인적 전통을 이어받아 작업해 온 작가 50명이 새롭게 소개되었다. 이 전시는 중요한 역사적 의미를 갖는 전시로 인식되었으며, 이후에 열린 많은 국제적 미술행사의 모델이 되었다. 이 야심찬 프로젝트는 세르비아의 행위예술가인 마리아 아브라모빅Marina Abramovic을 비롯, 아프리카의 화가 세리 삼바Chéri Samba, 프랑스의 루이스 부르주아Louise Bourgeois 등 서로 공통점이 전혀 없고, 완전히 다른 방식으로 작업하는 작가들을 한곳에 집결시켰다. 이들 모두 당시에는 세계적으로 알려지지 않았다가 전시 이후 점차 현대미술의 아이콘으로 부상했다.

전시는 후기식민주의에 대한 새로운 각성을 일으키며 일종의 거대한 현상으로 남았다. 지정학적 · 경제적 · 정치적 문제들

《대지의 마술사들》 전시 전경, 1989.

을 환기시키며 예술의 세계화에 기여했고, 이전까지는 미술사학자들만이 미술에 관해 이야기하던 것에서 나아가 인류학자와 역사학자들도 이에 대해 말하게 했다. 영미권에서 '민속미술 indigenous art'이라고 칭하는, 전 세계에 있는 '토착미술'은 당시만 해도 서구의 시스템 내에서 민족학의 대상으로 간주되어 미술로 여겨지지 않았다. 이는 서구 중심의 매우 독단적이고 자의적인 분류였다. 〈대지의 마술사들〉전은 스스로 완벽한 중심이라고 생각하여 밖을 보려 하지 않았던 서구 미술계에 대항하는 적극적인 비평 행위였으며, 이를 통해 아프리카, 오세아니아의 보

에스더 마흘란구, BMW Art Car, 1991.

이지 않는 문화가 현대미술의 장으로 자연스럽게 편입되었다.

마흘란구는 이 전시를 위해 1989년에 프랑스로 건너가서 2개월간 머물면서 수천 명의 관중 앞에서 집 그림을 그렸다. 프랑스가 어디에 있는지도 몰랐던 에스더 마흘란구는 50살이 넘어 그렇게 처음으로 비행기를 탔고, 수많은 언론의 스포트라이트 속에서 밑그림이나 기본적인 측정도 없이 그림을 그렸다. 이렇게 예술가로서의 그녀의 경력이 시작되었고, 작품은 라빌레트 전시장 한가운데 설치되어 많은 주목을 받았다. 그녀는 또한 앙굴렘 미술관Musée des Beaux-Arts d'Angoulême 내벽을 장식하고 프랑스의 다른 지역에서도 작품을 선보였다. 1990년에 그녀는 요하네스버그와 남아프리카 등지의 공공장소 벽화를 그리기 시작했고, 곧 유럽과 미국의 다양한 곳에서 러브콜이 이어졌다. 그녀의 작품은 12개 이상 국가의 전시회에서 선보였다.

마흘란구 작품을 비롯한 은데벨레 마을의 주거지 벽화의 조형적인 특징으로는 단연 기하학적 요소를 들 수 있는데, 이는 아프리카 미술이 보편적으로 가지고 있는 추상적인 표현성과도 관계가 있다. 두꺼운 선, 볼륨감 있는 형태, 기하학적 모티프, 장식적인 패턴, 평면화된 표면 등은 아프리카 미술을 직접적으로 차용하였던 20세기 초 유럽의 표현주의자들의 작품에서도 쉽게 찾아볼 수 있다. 이러한 기하학적인 문양들은 단순한 장식을 넘어 더 확장된 의미를 지닌다. 은데벨레 부족을 비롯한 사하라 사막 이남의 대부분의 부족에게는 문자가 없는 대신, 시각언어라고 할 문양이 다양하게 발전하였다. 문자가 인간의 의식을 가둔다는 점에서 문자가 없다는 것은 오히려 상상력을 자유롭게 풀어 놓을 토양이 될 수 있고, 그렇게 방목된 상상력은 무의식의 세계와도 경계를 넘나들며 현대미술의 바탕이 되고 있다. 현대미술이 문자를 해체하는 것도 동일한 이유

라고 할 수 있다.[1]

1989년 〈대지의 마술사들〉전에서 세계적인 주목을 받은 에스더 마흘란구는 1991년 'BMW Art Car Project' 참여를 의뢰 받아 BMW 525i 승용차에 은데벨레 고유의 문양을 그리게 된다. 1977년 로이 리히텐슈타인, 1979년 앤디 워홀의 뒤를 이어서 아트카를 선보인 열두 번째이자 최초의 여성 아티스트, 최초의 아프리카 출신 아티스트가 된 것이다. 이후 2017년 마흘란구는 롤스로이스의 '더 갤러리The Gallery' 프로그램에서 '마흘란구 팬텀The Mahlangu Phantom'으로 명명된 뉴 팬텀과 런던의 '프리즈 아트 페어Frieze Art Fair'에서 경매용 'BMW 인디비주얼7' 시리즈 자동차를 선보이는 작업도 진행하였다.

은데벨레의 전통 기법을 유지하면서도 캔버스, 도자기, 운동화, 스케이트보드 등 표현 영역을 넓혀 가던 마흘란구는 아프리카 전통 문화와 예술에 대한 관심을 통해 기존의 고정화된 성별 인식에 변화를 이끌어낼 수 있다는 것에 고무되었다. 마흘란구가 그간 '선진국의 백인 중산층 남성'의 독점적인 영역으로 여겨지던 자동차와 비행기 등 모빌리티와 관련된 대규모의

---

1 편완식,《아프리카 미술기행: 인간과 예술의 원형을 찾아서》, 위즈덤하우스, 2007, 14쪽.

작업을 꾸준히 수행하고 있다는 점은 꽤나 흥미롭다. 그간 모빌리티학은 선진국에서 나타나는 현대적 방식의 교통 및 모빌리티에 지나칠 정도로 빈번하게 초점을 맞춰 왔다. 특히 남아프리카공화국에서 자동차 모빌리티는 남아공에서 백인 정착민들의 인종, 권리, 민족, 주체성, 권력, 공간성에 대한 관점을 상상, 수행, 기술, 시험하는 데 핵심적인 장소 역할을 수행해 왔던 만큼, 은데벨레 여성들의 구술 전통을 기반으로 하는 마흘란구의 작업은 이동 방식을 활용한 예술적 실험들이자 이동과 흐름에 대한 철학적 시도이며 그 자체로 전복적인 행위라고 볼 수 있다.

다양한 작품들을 방대하고도 놀라운 방식으로 병치한 〈대지의 마술사들〉전은 이후 타이완 · 요하네스버그 · 광주 · 상하이 · 다카르 · 후쿠오카 · 브리즈번 · 이스탄불 같은 지역에서 비앤날레 등과 같은 국제전이 열리게 되는 기반을 마련했다. 그럼에도 불구하고 이 전시는 상당한 비판을 받아야 했는데, 아무런 설명도 없이 문화적 차이를 진열한 점이라든지, 가부장주의와 유럽에 토대를 둔 전시 기획 관행, 그리고 민속적 · 제의적 · 민중적 미술을 인류학적인 맥락에서 예술적인 맥락으로 옮겨 오는 작업이 편견과 서열로 이루어진 서구의 가치화와

서열화 체계를 자동적으로 치유할 것이라고 가정한 점 등에 대한 비판이 쏟아졌다.[2]

뿐만 아니라, 여성 작가는 마리나 아브라모비츠(유고슬라비아), 루이즈 부르주아(미국), 레베카 호른(독일), 바버라 크루거(미국), 에스더 마흘란구(남아프리카공화국), 낸시 스패로(미국) 등 전체 참여 작가의 10분의 1도 되지 않았다. 이러한 맥락에서 '여성' '아프리카' '민속' 미술가였던 마흘란구는 자신이 지닌 주변부적인 정체성을 깨닫게 되었고, 이러한 몇 겹의 타자화를 떨쳐낼 미래적인 방법을 모색한다.

그녀가 선택한 방식은 공동체를 위한 예술의 추구다. 오래도록 내려오는 집단기억 속의 아름다움과 함께 공동체적 삶의 방식이 함께 녹아 있는 예술. 일방적인 타자화에서 공존의 원리를 모색하려는 시도. 마흘란구는 구술로 전해지는 아프리카 전통 문화와 예술이 사라지는 것에 대한 우려의 목소리와 함께 지속적인 교육이 필요하다고 강조한다. 문화유산 보존에 뜻이 있던 마흘란구는 음푸말랑가 지방 크와음흘랑가 지역의 마브호코에 있는 본인의 집 뒤뜰에서 미술학교를 운영하기 시작

---

2 휘트니 채드윅, 앞의 책, 521쪽.

이마니 샨클린 로버츠, 〈쏠라Xola〉, 2017, New York.

했다. 그녀는 '마흘란구 팬텀'의 판매 수익금 중 일부를 이 학교 운영에 사용하는 등 전통적인 스타일로 젊은 예술가들을 지도하며 자신의 재능과 자산을 공유하고 있다. 학생들은 안료를 혼합하고 손가락이나 닭 깃털을 사용하여 스케치 없이 손으로만 직선을 그리는 방법을 배운다.

문화적 정체성과 환경, 그리고 자연과의 관계에 대한 꾸준한 관심을 실천하고 있는 마흘란구에게 2017년 9월, 아주 특별한 선물이 전해졌다. '여성 라이더의 달Womans's Bike Month'을 맞아 뉴욕 프랭클린 스트리트와 웨스트 브로드웨이 사이에 위치

한 시티 바이크Citi Bike정거장 2차선 도로에 걸쳐 그녀의 시그
니처라고 할 다채롭고 대담한 은데벨레 문양이 펼쳐진 것이다.
남아프리카공화국 관광공사 미국사무소, 사우스 아프리칸 에
어웨이SAA, 자전거 공유 플랫폼 시티 바이크가 함께 추진한 공
공예술 사업 'DOT Art'의 일환으로 진행된 이 프로젝트는 막 미
술대학을 졸업한 신진 작가 이마니 샨클린 로버츠Imani Shanklin
Roberts(1991~)의 작품이다. 아프리카 전통과 전설적인 여성 예술
가에 대한 진심 어린 헌사이자 새로운 모빌리티 패러다임을 제
시하고자 한 이 작품의 제목은 〈쏠라Xola〉, 코사어로 '평화 속에
머물다'는 뜻이다.

세대와 시대를 아우르며 거리 곳곳에서 공동체를 만들어 내는
마흘란구의 작품 속, 모빌리티는 공유다.

19

모빌리티는 환상이다

'만약에? What if?'. 사진작가인 마차리아가 작업을 시작할 때 항상 던지는 질문이다. 이 질문과 함께 그는 그가 가장 중요하게 여기고 공을 들이는 이야기 쓰기에 돌입한다. 하나의 이야기가 완성된 후에야 사진을 위한 콘셉트를 개발하고, 사전 작업을 하고, 이미지를 수정한다. 작품과 함께 제공되는 이야기는 짧은 판타지소설이라고도 할 수 있다. 이 이야기를 실마리로 우리는 더 많은 상상을 하게 된다.

　마차리아는 자신의 사진을 '아프로퓨처리즘Afrofuturism'으로 정의한다. 실제로 마차리아의 작품 세계를 이야기할 때 빼놓을 수 없는 단어가 바로 '아프로퓨처리즘'임이다. 그는 내러티브, 판타지, 픽션 등과 같은 요소들을 사용해 식민통치 이후의 아프리카를 예술적으로 재정의한다. 이를 통해 아프리카의 역사적 요소들, 유색인종으로서 가지는 현재의 문화와 미래에 대한 열망을 통합하고, 새로운 아프리카에 대한 정체성을 강조하며 이미지를 재창출한다. 아프로퓨처리즘은 그의 작품을 관통하고 있는 세계관이자 정신이다. 아프로퓨처리즘은 아프리카 대륙을 뜻하는 Afro와 미래주의의 Futurism을 합친 합성어로, 아프리카 문화와 선진 기술의 융합을 탐구하는 예술문화의 한 갈래로 정의할 수 있다. 아프로퓨처리즘을 가장 잘 보여 주는 대

오스본 마차리아Osborne Macharia(케냐, 1986~), 〈Gikosh Project〉, 2018.

중문화 콘텐츠는 2018년 개봉한 마블코믹스의 〈블랙팬서〉다. 영화의 배경이 되는 와칸다 왕국은 겉보기엔 전 세계 최빈국이지만 사실은 비브라늄을 통해 엄청난 부와 첨단과학을 소유하고 있는 국가다.

1993년 마크 데리Mark Dery가 처음 주창한 아프로퓨처리즘은 아프리카 이주민들의 문화와 기술의 교차점을 탐구하는 문화예술·과학철학·역사철학의 동향으로, 과학기술과 과학픽션

오스본 마차리아, 〈The Chosen Ones〉, 2018.

을 통해 아프리카 디아스포라의 경험과 관심사를 다룬다. 아프로퓨처리즘을 추구하는 작가들은 다양한 분야에서 활동 중이다. 문학 분야에서는 은네디 오코라포르Nnedi Okorafor, 옥타비아 버틀러Octavia Butler 등이 있는데, 특히 오코라포르의 《누가 죽음을 두려워하는가》는 2011년 세계환상문학상에서 최우수 장편상을 수상한 바 있다. 1993년 세상을 떠난 선 라Sun Ra 또한 아프로퓨처리즘을 음악으로 구현한 선구자로 평가받는다.

마차리아 또한 후기식민주의 시대에 아프리카인들이 겪고

있는 다양한 문제들에 목소리를 내는 방법으로 아프로퓨처리 즘 장르를 사용한다. 아프리카에 대한 고정관념을 거스르는 환상 이미지를 창조하기 위해 이러한 접근법을 사용하는 것이다. 그의 작품은 아프리카 대륙이 가지고 있는 (기존의 것과는) 다른 내러티브를 말하고자 하는 시도이며, 다양한 예술적인 방식을 통해 자신들의 역사와 현재와 미래에 대한 열망을 표현하는 탈 식민주의적 서사다.

아프리카인들은 유럽인들에 의한 식민통치가 시작된 이후로 서구인들로부터 많은 차별과 부당한 대우를 받아 왔다. 그들은 사회적으로, 신체적으로 열등한 인종으로 취급되었으며, 그들의 문화와 문명은 미개한 것으로 평가되었다. 아프리카에 침입한 근대 유럽인들은 아프리카에 대한 인식을 문명 세계로부터 가장 멀리 떨어져 있는 장소로 변화시켰다. 유럽을 진보한 인류가 존재하는 앞선 시공간으로 설정하고 그 타자적인 반대상의 이미지로 아프리카를 조형했던 것이다. 이러한 서구중심적 관점 때문에, 식민주의 시대가 이미 오래전에 종식이 되었음에도 불구하고 아프리카인들은 기술·과학·최첨단이라는 단어와는 동떨어진 존재로 여겨지고 있는 것이 현실이다.

마차리아는 세상에 알려지지 않은 아프리카의 많은 이야기를 펼쳐 보인다. 하나의 대륙으로서 아프리카에게는 그들만의 이슈가 있고, 그것은 한눈에 들어오는 단순한 것이 아니다. 수많은 세월 동안 아프리카는 잘못 알려져 왔고, 마차리아의 작업은 가능한 한 그의 주변에 있는 것들을 예술적으로 보여 줌으로써 이러한 오해를 불식시키려 한다. 그는 디테일에 대한 예리한 관심과 탄탄한 스토리텔링을 통해 우리 대부분이 결코 꿈꾸지 못했던 아프리카 미래 세계의 이야기를 들려주고, 아프리카 대륙을 괴롭히는 심각한 문제들에 대해 이야기한다. 마차리아는 문화적 정체성과 픽션이라는 키워드로 자신의 작품 세계를 설명하는데, 이는 평등, 포용, 재현, 성적 학대, 상아 밀렵, 여성 할례, 알비노에 대한 편견, 난장이에 대한 편견, 전통 보존, 노인 돌봄 등과 같은 중요한 사회적 주제에 대한 메시지를 전달하는 강력한 플랫폼 역할을 한다.

마차리아의 주요 작품들은 성별과 나이에 대한 고정관념을 다르게 해석하고 이를 통해 소외된 사람들에게 힘을 실어 준다. 마차리아의 프로젝트에 등장하는 인물들은 주류 언론이나 출판물에서 쉽게 볼 수 없는 사람들이다. 특히 마차리아는 독특하고, 순수하고, 예상치 못한 아우라를 풍기는 노인 세대와 일하는 것을 즐긴다.

이 작품 속의 인물은 카마우 웅주구나 여사Mrs. Kamau Njuguna
다. 그녀는 1980년에서 1985년 사이에 케냐중앙은행의 은행장
을 맡았다. 물론 가공의 인물이다. 이 여성을 포함한 총 3명의
가공의 인물들에 대한 묘사를 담은 작품의 주제는 '끝내주는 케
냐 할머니들의 연맹Kenya's LEAGUE OF EXTRAVAGANT GRANNIES'이
다. 마차리아는 1970년대에 정부 조직을 이끌던 사람들이 은퇴
이후 풍요로운 삶을 즐기며 살아가는 모습을 사진에 담았다.
서구 유럽의 남성 백인 부르주아처럼 차려입고 비행기 앞에 선
이 할머니들은 여러 나라를 자유롭게 여행하며 경제적으로 풍
족한 삶을 살고 있는 인물로 그려진다. 스와힐리어로 '노인'에
대한 비경멸적인 속어로 번역되는 이 〈나이아네Nyanye〉 시리즈
에서, 마차리아는 스타일과 허풍에 대한 은유적 문해력을 동원
해 노화에 대한 편견을 뒤집는다.

세계 여성의 날에 맞추어 공개된 이 작품들을 통해 마차리아
는 ① 아프리카의 풍족함을 비유적으로 표현할 뿐 아니라, ②
오래전부터 아프리카 여성들을 옥죄는 열악한 사회적인 지위
를 풍자적으로 나타내었으며, ③ 사회적으로 약해질 나이인 노
년기에도 독립적이고 만족스러운 삶을 사는 모습을 보여 줌으
로써 아프리카의 미래에 대한 희망을 표현하고자 했다. 사실

오스본 마차리아, 〈나이아녜Nyanye Project〉, 2016.

오스본 마차리아, 〈나이아녜Nyanye Project〉, 2016.

서구 사람들에게 아프리카의 이미지는 여전히 헐벗고, 굶주리며, 의존성이 높고, 서구 사회와 동떨어진 곳으로 여겨진다. 이 작품들을 통해 마차리아는 독립적이고, 진취적이며, 삶을 누리는 여유가 있는 아프리카인의 모습을 보여 준다. 또한 작품의 주체를 여성 노인으로 설정함으로써 고착화된 젠더/연령/인종/계급의 위계를 전복시키고 있다. 이렇듯 마차리아는 현실과 비현실이 교차하며 만들어 내는 픽션을 통해 과거의 역사, 현재의 현실, 미래의 열망을 통합하여 새로운 아프리카를 재창조함으로써 식민지 이후의 아프리카 서사를 예술적으로 재구성한다.

마차리아는 사실에 기초하지 않은 픽션을 통해 "이것이 진실인가?"라는 질문을 던진다. 이를 통해 그는 역설적으로 작품이 말하고자 하는 바가 실재가 될 수 있음을 암시한다. 〈마가디 프로젝트Magadi Project〉는 마가디 호수 평야에 살고 있는 여성들의 이야기를 담았다. 이들은 어렸을 때 모두 여성 할례를 받았는데, 현재는 이런 관습을 버리고 대안적인 생계 수단으로 부족의 전통 패션을 활용한 일을 하고 있다. 이들은 조혼을 피해 탈출한 소녀들에게 스타일링, 디자인, 염색법 등과 같은 패션 기술을 가르치고 있다. 마차리아는 이 작품을 통해 여성 할례로 고통 받고 있는 여성들에 대해 이야기한다. 어려움을 당당히 극복한 강한 여성상을 보여 줌으로써 현재에도 다양한 차별로 고통 받고 있는 아프리카 여성들에게 도전과 희망을 주고자 했다. 여전히 아프리카 많은 지역에서 여성들은 다양한 형태의

오스본 마차리아, 〈마가디 프로젝트〉, 2017.

차별을 받고 있다. 사회적 진출 기회를 박탈당함은 물론이고, 기본적인 생계조차 잇지 못하는 경우가 비일비재하다. 마차리아는 이러한 사회적 문제를 작품에 투영하여 이에 대한 관심을 이끌어 내고 촉구한다.

마차리아의 사진은 단일한 의미로 규정되거나 범주화될 수 없는 확장성을 품고 있다. 각 인물들과 요소들은 개별적인 고유성과는 별개로 총합적으로 이미지의 양태를 반사하거나 가리키며 디지털적 의미를 생성한다. 아프리카의 서사를 상징하는 것이 아니라 아프리카의 실재를 가리키는 지표로서의 사진인 것이다. 그의 작업을 통해 시각화된 환영적인 이미지는 실재하지만 현실화되지 않은 잠재적인 상태로 존재하는 것, 혹은 오래전에 존재했던 (존재했을 것으로 추정되는) 것일 수도 있다. 마차리아는 케냐인으로서의 정체성을 강하게 인식하고 있지만, 그의 생각은 국경을 넘어선다. 환상을 통해 상상해 보는 미래적 과거는 케냐만의 것이 아니라 아프리카 전체의 것이다. 마차리아의 작품 속 인물들의 여정은 아프리카 대륙의 여정처럼 느껴진다. 그들은 전 세계, 특히 디아스포라를 겪은 이들의 공감을 불러일으키는 개인적인 이야기를 전한다. 대안적 현실을 상상하게 하는 이 사진 이미지들은 그들로 하여금 고양된 방식으로 자부심을 느끼고 자신을 드러내며, 오래전 떠나온 고향으로 향하게 한다.

사실 사진이란 세계를 절대적 객관성으로 표상/재현하려 한 서구의 근대적 인간의 기술과 산업화의 총화라고 할 수 있다. 그러나 마차리아는 서구/백인/비장애인/이성애자/남성/청년이 중심이 되는 힘의 상징으로서의 선형적 체계에서 벗어나 땅속 줄기처럼 잔뿌리가 난마처럼 엉켜 세계를 향해 뻗어 나가는 무한 확장의 세계를 취한다. 주종의 서열을 벗어나 독립적 존재를 유지하도록 하는 병치의 전략이나 서열과 분별이 존재하지 않는 배치는 분별과 서열의 허구성을 드러낸다. 마차리아의 이미지 앞에서, 우리는 무엇이 가능하고 무엇이 환상에 불과한지에 대한 선입견을 버리고 대안적 현실을 상상한다.

경계가 존재하지 않는 무한한 가능성의 세계를 유영하는 마차리아의 작품 속, 모빌리티는 환상이다.

20
모빌리티는 공존이다

소수빈So. Soo Bin(한국, 1983~), 〈신-생태계의 휴리스틱Heuristic of new_ecosystem〉, 2019, 식물, 아두이노, 센서, 아크릴, led, 모터, 가변설치. ⓒ소수빈

생태. 일상의 먹거리에서부터 정책 과제에 이르기까지, 이제는 흔해진 단어다. 사전적 의미에서 생태란 생물이 살아가는 모양이나 상태, 즉 각 생명 주체가 가지거나 행하는 삶의 양태를 뜻한다. 생태에 대해 처음으로 학문적으로 접근한 이는 1866년 독일의 동물학자 헤켈Ernst Heinrich Haeckel(1834~1919)로, 그는 생태학ecology을 '유기체나 유기체 무리가 자신을 둘러싼 환경과 맺

는 관계에 대한 학문'으로 정의했다. 최근 들어 생태인문학에 대한 논의가 활발해지고 있다. 생태인문학은 인간과 환경 사이의 얽힘entanglement를 설명하고 관계의 실마리를 찾으려는 노력의 일환으로 탄생한 학문이다.[1]

얽힘은 양자역학에서 쓰는 개념으로, 두 부분계가 공간적으로 서로 멀리 떨어져 있어도 작용하는 상관관계를 의미한다. 이제 우리는 동물과 식물을 이원론적으로 분리하여 인식하고, 자연으로부터 인간을 분리하여 독립적인 존재로 여겨 온 오랜 사상적 전통에서 벗어나, 인간은 결코 독립적이지 않은 불완전한 존재임을 인지하고 모든 것이 연결되어 있다는 순환론적 · 유기적 관점을 깨닫게 되었다. 이로써 인간과 자연의 상호관계를 전제로 인간을 둘러싼 문제들을 분석하고, 자연의 생태와 섭리에 관심을 기울이게 되었다.

소수빈의 〈신-생태계의 휴리스틱〉은 기계라는 매체를 통해 식물에게도 모빌리티를 부여한 작품이다. '휴리스틱heuristic'은 '스스로 발견하는'이란 의미다. 우리는 동물과 식물을 구별할 때 "스스로 움직일 수 있는가?"라는 간단한 질문을 던진다. 모

---

1   이명희 · 정영란, 《문학으로 관찰하고 과학으로 감상하는 모빌리티 생태인문학》, 앨피, 2020, 5쪽.

소수빈, 〈새로운 공존 시스템: 외래 식물 모종new co-existence system : exotic plants〉, 외래 식물 모종,
아크릴, 가변크기, 2016. ©모스튜디오.

틸리티motility는 동물과 식물을 구분하는 중요하고 기본적인 기
준이다. 모틸리티는 생물학 용어로서, 유기체가 스스로 움직일
수 있는 능력을 뜻한다. 이러한 의미에서 모틸리티는, 어떠한
수단을 통해 얻어지는 이동 능력으로서의 모빌리티와는 대조
되는 개념이다.

　소수빈은 모틸리티가 없는 식물에 기계 다리를 달아 모빌리

티를 부여했다. 기계와의 결합을 통해 '이동성'이 없는 식물에게 이주의 자유성이 부여되면 미래 환경에 어떤 생물적 변이와 논의들을 불러일으킬지에 대한 물음을 시각적으로 제시한다. 기계 덕분에 식물은 스스로 센서를 통해 온도와 습도를 기억하고, 광합성을 할 수 있는 햇빛을 찾아 이동하거나 물을 찾는다. 우리의 머릿속에 내재되어 있는 동물과 식물의 경계가 모호해진다. 경계란 사물이 어떠한 기준에 의거해 분간되는 한계 또는 지역이 구분되는 한계를 의미한다. 이 경계의 모호함 앞에서 그 경계를 조절하는 위치에 서 있는 나, 바로 생태계 속 '인간'의 위치를 떠올리게 된다.

탈인간중심주의적 관점을 견지하는 소수빈의 작업은 생태인문학적 접근을 보여 준다. 그의 작업은 '예술은 식물의 특성을 어디까지 표현할 수 있을까?'에 대한 답을 찾아가는 과정이기도 하다. 소수빈은 작품을 통해 지구라는 한 공간에서 우리와 같이 살고 있는 생물들의 특성을 이해하고 그들의 단면들을 보여 주고자 한다. 그의 작업에서 가장 본질적으로 읽히는 것은 환경에 대한 유연한 인식이다.

〈새로운 공-존 시스템: 제로섬게임〉은 외래식물로 인해 국내 생태계에 일어나는 전쟁과 같은 드라마틱한 생존 노력을 담

소수빈, 〈새로운 공~존 시스템: 제로섬게임new co~existence system : Zero~sum game〉, 터치게임 소프트웨어, 가변크기, 2016. ⓒ모스튜디오.

은 작품이다. '가시박'이라는 외래식물이 우리 땅에 들어와 토종 식물과 생존경쟁을 벌이며 적응하고 성장하며 번식하는 과정을 관찰자의 시각으로 제시한다. 고요하고 조용히 살아가는 줄 알았던 녹색식물들에 대한 이야기가 아닌 극히 치열한 식물들의 생태 이야기. 소수빈은 우리가 당연시하는 식물들의 조화로운 삶은 우리가 만들어 낸 허상에 불과하다고 말한다. 모빌리티를 갖추지 못한 식물은 무슨 일이 생겨도 그 자리에서 움직일 수 없기에, 같은 공간에 머물면서 치열한 생존 투쟁을 벌인다는 것이다.

이러한 문제의식에서 한 걸음 더 나아가, 소수빈은 인간과 동식물의 이동에 따른 생태 환경의 변화와 공진화 과정에서 벌어지는 다양한 특징들에 관심을 가지고 이를 시각적으로 표현하고자 현 사회 속 다양한 형태의 모빌리티 개념을 활용한다. 수송 테크놀로지를 통한 매개는 관계를 절연하는 행위자로 기능할 수도 있고, 향상된 소통과 더 밀접한 연결을 주도할 수도 있다. 매개 모빌리티 환경은 신체화된 모빌리티를 통해 지각되며, 신체화된 모빌리티는 다시 본능적 체험을 향상 · 변화 · 희석시키는 물건들에 의해 매개된다. 살아 있는 식물을 싣고 오가는 로봇 자동차는 식물과 기계의 결합, 식물의 자연적 진화

소수빈 So. Soo Bin, 〈신-생태계의 휴리스틱 Heuristic of new-ecosystem〉, 2019, 식물, 아두이노, 센서, 아크릴, led, 모터, 가변설치. ©소수빈.

가 아닌 기계 진화에 대해 이야기한다. 소수빈이 창조한 새로운 이 '하이브리드 식물'은 모빌리티를 갖춘 새로운 종으로 탄생된다. 움직이는 식물들은 본래의 모습과는 다른 새로운 모습으로 관람객들에게 다양하게 발견된다.

4차 산업혁명 시대를 맞이하여 인류와 인류가 개발한 로봇, 인공지능 등이 함께 살아가게 되었다. 이는 인간의 생태적 위치 이동을 의미한다. 인간이 다른 유기체뿐 아니라 무기체, 프로그램과 환경을 공유하게 된 상황에서, 상호관계 구성과 생태적 관계 등을 살펴보는 것은 의미 있는 일이다.[2]

환경에 관한 이러한 유연한 인식은 원래 존재하던 자연 개념에서 확장되어 인간에 의해 생산된 인공적 산물도 포함한다. 소수빈의 작품은 상호의존적으로 연결되어 있는 다양한 생물-기계가 상호작용을 통해 공진화해야 함을 역설한다. 작가는 인류가 다양한 생물체, 새로운 디지털 실체 등을 포함한 수많은 다른 존재들과 공존해야 하는 하나의 존재일 뿐이라는 사실을 인정해야 한다고 생각했고, 이를 작품에 녹여냈다.

생물의 역사는 공존으로 시작되었다. 이러한 공존의 생태계

---

2 이명희 · 정영란, 앞의 책, 156쪽.

소수빈, 〈비비드 시스템〉, 2019, 120x120cm 4set, 공중식물, 틸란드시아, 인공식물, led, 2019. ⓒ소수빈.

속에서 다른 존재와 연결되고자 하는 욕망은 지극히 근본적이
다. 생명이 개체의 목숨만을 '연명'하기 위해서 하는 행위를 각
각의 이질성을 인정하는 공동체 안에서 '존재'하는 차원으로 심
화시킬 때, 하나의 생물이 다른 존재와 연결되려는 욕망은 단
지 목숨을 연명하기 위한 어쩔 수 없는 관계가 아니라 지금의

위계와 배제를 넘어선 또 다른 삶을 상상하는 관계에 대한 요청이 될 수 있다.[3]

소수빈의 '기계–식물' 혹은 '식물–기계'는 자신과 타자를 새로운 방식으로 생각하고 관찰하며 차이를 수행하고 미래를 다시 상상하도록, 그리고 공간을 유연하고 자율적 운동의 경관으로 다시 바라보도록 유도한다.

〈비비드 시스템〉은 실제로 살아 있는 식물들과 만들어진 식물들이 자석을 통해 위치를 바꾸고 이동할 수 있게 한 작품이다. 식물의 형태적 특성을 생각해 본다면 여기서 자석은 식물의 뿌리와 같은 개념으로 이해할 수 있을 것도 같다. 식물은 한 곳에 뿌리를 내리면 다른 곳으로 이동하기가 매우 힘든 반면, 이 작품은 인간이 식물과 교감하며 자유롭게 식물들을 이동시켜 직접 예술 행위에 참여할 수 있다. 인간이 스스로 새로운 생태계로 들어가 생물과 무생물 간의 이동에 참여한다는 의미를 전달하고자 한 것이다. 인간을 둘러싼 환경의 문제와 맞닿아 있는 생태인문학은 그간 일방적으로 풀어 가던 문제를 다중심적으로 전환, 관계의 측면에서 접근하여 풀어 나가고자 한다.

---

3 신지영, 〈증언을 듣는 자에 대한 증언〉, 김기남 외, 앞의 책, 36쪽.

소수빈은 인간과 환경이 어떤 식으로 공존할 것인가, 어떻게 소통할 것인가에 대한 질문을 던진다. 모든 생명체가 환경과 상호작용하며 공감하고 소통하는 미래가 만들어지려면 인간은 어떤 역할을 해야 하는지, 이제 우리가 답할 차례다.

열린 생태계의 재현적 메타포를 통해 창조적인 예술 세계를 구축하고 있는 소수빈의 작품 속, 모빌리티는 공존이다.

미술, 엔진을 달다

2021년   1월 29일 초판 1쇄 발행
2021년   5월 15일   2쇄 발행

지은이 ㅣ 박재연
펴낸이 ㅣ 노경인 · 김주영

펴낸곳 ㅣ 도서출판 앨피
출판등록 ㅣ 2004년 11월 23일 제2011-000087호
주소 ㅣ 우)07275 서울시 영등포구 영등포로 5길 19(양평동 2가, 동아프라임밸리) 1202-1호
전화 ㅣ 02-336~2776 팩스 ㅣ 0505-115-0525
블로그 ㅣ bolg.naver.com/lpbook12
전자우편 ㅣ lpbook12@naver.com

ISBN 979-11-90901-25-3